RADELZEIT IM MÜNSTERLAND

Herrlich entspannte Touren zum Runterschalten & Genießen

Katrin Jäger

KATRIN JÄGER

ÜBER MICH

... das Radfahren lernte ich in einem Dorf mitten im Münsterland. Durch einen Schubs meiner Mutter ermutigt, rollte ich einfach los. Ohne Stützräder! Später studierte ich in Münster und arbeitete einige Jahre als Reporterin und Redakteurin bei einer Berliner Tageszeitung. Zurück in der Heimat, arbeite ich als freie Texterin und schreibe Kriminalromane. Die besten Ideen kommen mir übrigens, wenn ich über autofreie Pättkes radle und den Kühen beim Wiederkäuen zuschaue.

Meine persönliche Radelweisheit:

» **Fahrradfahren ist wie ein Wunder: Zwei Räder hintereinander, und man verliert trotzdem nicht das Gleichgewicht!**

LIEBE LESERIN, LIEBER LESER,

das Münsterland ist nicht gerade bekannt für seine Super-Sehenswürdigkeiten, von denen jede:r denkt: Da muss ich hin, Selfies machen, auf Instagram posten oder ins Fotobuch packen. Aber es gibt etwas, das es nur hier gibt: allerbeste Bedingungen für Radfahrer:innen! Das Münsterland ist fast überall flach, die typische Parklandschaft ist durchzogen von zahllosen Feldwegen, auf denen meist nicht viel los ist. Hecken, Büsche oder kleine Wäldchen sorgen dafür, dass es nie zu windig wird, und kleine Wasserburgen, Schlösser oder große Hofanlagen bieten genug Abwechslung auf längeren Touren. Am besten einfach ausprobieren, wie locker-leicht es sich bei uns radeln und rollen lässt!

Eine herrlich entspannte Radelzeit wünscht

Katrin Jäger

INHALT

UND SONST SO?

UNTERWEGS AUF DEN SCHÖNSTEN STRECKEN ...

ÜBER SCHMALE PFADE SCHLÄNGELN

» Wenn man von Bocholt aus in die Niederlande radelt, sind die Wege sandig, holperig, sehr schmal und genau deshalb so schön. Tour 15, zwischen Stopp 2 und 5, Seite 154

EINFACH ROLLEN LASSEN

» Auf der Luidger-Runde durch die Baumberge kann es ein bisschen anstrengend werden. Aber dafür kann man es immer wieder herrlich rollen lassen. Tour 14, Seite 144

DURCH DIE BLÄTTER BLICKEN

» Während man vorbei an wildem Gebüsch und durch einen Wald radelt, blitzt immer wieder das Wasserschloss Egelborg durch die Blätter. Tour 20, zwischen Stopp 2 und 3, Seite 204

ZUM SCHLUSS NOCH FLUSS

» Wenn man eigentlich am Ende der Tour ist, sorgt die Ems mit ihren kleinen Brücken und dem Uferweg für einen entspannten Schlussabschnitt einer langen Tour. Tour 5, zwischen Stopp 5 und 6, Seite 54

ROYALES RADELN

» Das Barockschloss Nordkirchen und der dazugehörige Park sind nicht nur schön, sondern auch weitläufig – genau richtig für einige Runden mit dem Fahrrad. Tour 7, zwischen Stopp 2 und 3, Seite 74

KIEFERNDUFT INKLUSIVE

» Wenn man durch das Waldgebiet Hohe Ward radelt, duftet es herrlich nach Kiefern. Jeder Seitenweg eröffnet Blicke auf schönen, wilden Wald. Tour 11, zwischen Stopp 1 und 3, Seite 114

IMMER AN DER KANTE

» Immer geradeaus auf feinem Schotter. Es ist einfach sehr entspannend, am Kanal zu radeln – mit Blick aufs Wasser und die vorbeiziehenden Frachtschiffe. Tour 16, zwischen Riesenbeck und Stopp 4, Seite 164

ALLE TOUREN IM ÜBERBLICK

Bramsche
Bad Essen
Rheine
Ibbenbüren
Lotte
OSNABRÜCK
#16
DAS STEILE KOMMT
ZUM SCHLUSS
Georgsmarienhütte
Melle
Lengerich
Emsdetten
#8
VIEL EMS MIT
EINER PRISE SALZ
#4
DER SEE IST DAS ZIEL
Steinfurt
Greven
#10
ZURÜCK IN DIE VERGANGENHEIT
#13
WO DIE SCHÜTZEN
ANTRETEN
Halle (Westf.)
Versmold
Telgte
MÜNSTER
#12
FLUSS MAL DREI
Warendorf
Harsewinkel
#1
DER DICHTERIN
GANZ NAH
#5
TOUR MIT SPARGELBEILAGE
GÜTERSLOH
Senden
Rheda-Wiedenbrück
AB INS
HIMMELREICH
Ascheberg
#11
DEM ZEMENT
AUF DER SPUR
#3
Oelde
#9
WO KLEINE
FRÜCHTCHEN WACHSEN
Ahlen
Beckum
#2
DIE HALDE IMMER IM BLICK
#7
DIE ACHSE DES
SCHÖNEN
Selm
HAMM
Lippstadt
Lünen
Soest

... UND AUCH PAUSE MACHEN NICHT VERGESSEN

TEA-TIME IN NORDKIRCHEN

» Ein prachtvolles Barockschloss mitten im Münsterland sollte man ausführlich bestaunen. Dazu am besten ganz in Ruhe Tee trinken – und einfach nur schauen. Tour 7, Schlösserachse, Stopp 2, Seite 79

WAS FÜRS AUGE

» Direkt hinter der Pfarrkirche des Dahliendorfes Legden kann man eintauchen in ein Meer aus Farben. Dort blühen im Sommer rund 180 verschiedene Dahliensorten. Tour 20, Legden-Ahaus-Legden, Stopp 5, Seite 211

THE BIG BLUE

» Der Steinbruchsee bei Beckum verbreitet mit dem türkisblau schimmernden Wasser ein bisschen Karibikflair am Rande der Zementstadt Beckum. Tour 3, Zementtour, Stopp 6, Seite 41

HEIDEWITZKA – WIE SCHÖN!

» Die Westruper Heide hat jede Menge Sandwege und tolle Ausblicke auf blühende Erika und knorrige Wacholderbäume zu bieten. Absteigen lohnt sich! Tour 6, Haltener Seenrunde, Stopp 5, Seite 70

SALZIGE ENTSPANNUNG

» Stehenbleiben und das Salz in der Luft tief einatmen: Das sollte man tun, wenn man in Rheine vor der historischen Saline mit dem Namen »Gottesgabe« steht. Tour 8, Emsdetten-Rheine, Stopp 2, Seite 88

EINFACH NUR SCHAUEN

» Hinter der Burgbühne in Stromberg öffnet sich ein wunderbarer Panoramablick über das Münsterland. Einfach nur schauen reicht hier vollkommen. Tour 9, Oelde-Runde, Stopp 1, Seite 98

NATÜRLICH RUNTERKÜHLEN

» In einem Waldstück beim Naturschutzgebiet Schwarzes Venn liegt ein artesischer Brunnen, der zum Kneippbad einlädt. Was für ein Vergnügen, mit nackten Füßen in das eiskalte Wasser einzutauchen. Tour 17, Borken-Runde, Stopp 2, Seite 178

EINFACH LOSRADELN

DIE RADELPAUSEN

» START
Bahnhof Roxel

KM 7,2
1 Freilichtmuseum Mühlenhof
Ein Brückenfoto im Monet-Style schießen

KM 10,5
2 Markt am Domplatz
Den Duft der frischen Blumen genießen

KM 11
3 Wilsberg-Antiquariat
Ein altes Buch als Mitbringsel kaufen

1

DER DICHTERIN GANZ NAH

Ab Roxel auf den Spuren der Annette von Droste-Hülshoff

Dieser entspannte Weg führt über den quirligen Münsteraner Marktplatz zum ländlich gelegenen Anwesen Haus Rüschhaus und zur bezaubernden Burg Hülshoff. Hier lebte und schrieb die Schriftstellerin einst und ließ sich von der Natur inspirieren.

KM 17,4

4 Haus Rüschhaus
Durch den kleinen Park schlendern

KM 18,8

5 Haus Vögeding
Buttermilch trinken und träumen

KM 22

6 Burg Hülshoff
Droste-Picknick mit Blick auf die Burg genießen

KM 26 » ZIEL

Bahnhof Roxel

LOCKER-LEICHT ZU DEN HIGHLIGHTS

Auf dieser locker-leichten Tour ab Roxel kriegt man jede Menge Münsterland-Highlights geboten. Kaum hat man den Bahnhof verlassen, ist man schon auf direktem Weg zum Aasee. Hier erhöht sich die Anzahl der entgegenkommenden Menschen, die spazierengehen, joggen und radeln – also immer schön aufpassen!

Wer viel Zeit eingeplant hat: Das Freilichtmuseum Mühlenhof liegt an der Strecke und der Allwetterzoo ist auch nicht weit. Fährt man weiter, kommen bald die kleinen Segeljollen in Sicht, die auf dem Lieblingssee der Münsteraner ihre Bahnen ziehen. Je mehr man sich der Stadt nähert, desto urbaner wird's. Schon sieht man die Skulptur »Giant Pool Balls«, drei riesige Kugeln.

DIE BURG HÜLSHOFF UMRUNDEN UND SICH DABEI EIN BISSCHEN FÜHLEN WIE DIE DROSTE

Auf der autofreien Promenade, einem Rundweg, der die gesamte Altstadt umkreist, geht es weiter Richtung Prinzipalmarkt. Hier schlägt das Herz von Münster mit all seinen Kaufmannshäusern, der Lambertikirche und dem historischen Rathaus, in dem einst der Dreißigjährige Krieg beendet wurde. In direkter Nachbarschaft liegt der prächtige Paulus-Dom. Immer mittwochs und samstags ist dort Markt.

Vorbei am Münsteraner Schloss geht es dann wieder stadtauswärts. Auf breiten asphaltierten Feldwegen, gut ausgebauten Radwegen und Fahrradstraßen führt der Weg zum Anwesen Haus Rüschhaus. Dort ist man der Dichterin Droste-Hülshoff sehr nah, die vor Ort ihr berühmtestes Werk »Die Judenbuche« schrieb.

Auf ebenen Wegen rollt man weiter zum idyllischen Haus Vögeding, das im Jahr 1827 von den Droste-Hülshoffs gekauft und verpachtet wurde. Idylle pur erwartet einen beim nächsten Highlight auf der Rundtour: die Burg Hülshoff, der Geburtsort der Dichterin. Zu der Wasserburg, die jede Menge Fotomotive liefert, gehören ein wunderschöner Park, ein Café und ein Droste-Museum. «

Auf der Strecke liegt das weniger bekannte, aber wildromantische Haus Vögeding

Ein typisches Münsterland-Motiv: die Burg Hülshoff

Der Park der Burg ist einen Spaziergang wert

RADELN & GENIEẞEN

START

Bahnhof Roxel

Vom Bahnhof Roxel rechts entlang der Pienersallee durch Wohnbebauung, dann wieder rechts in die Pantaleonstraße, der Roxeler Straße nach und dem Dingbängerweg folgen. Fahrradschilder weisen den Weg zum Aasee und zur Innenstadt. Nach den Segeljollen kommt rechts schon das Freilichtmuseum Mühlenhof in Sicht.

Wie ein Gemälde. Die Brücke vorm Mühlenhof lohnt als Fotomotiv

KM 7,2

1

Freilichtmuseum Mühlenhof

Ein Brückenfoto im Monet-Style schießen

Auch wenn man keine Lust oder Zeit hat, sich das Freilichtmuseum Mühlenhof (www.muehlenhof-muenster.org) genauer anzuschauen: Einen kleinen Stopp sollte man unbedingt einlegen. Schon bei einem kurzen Blick durch das Torhaus kann man ein bisschen Vergangenheitsluft schnuppern. Denn dort stehen alte landwirtschaftliche Gerätschaften, Fachwerkhäuschen und eine historische Bockwindmühle. Wer also wissen will, wie die Menschen in dieser Gegend vor rund 400 Jahren lebten: Genau so! Bevor es dann in der Gegenwart weitergeht, lohnt es sich, auf der Brücke den Blick über die Gräfte schweifen zu lassen und ein Foto zu machen: Dort sieht es ein bisschen aus wie auf dem berühmten Gemälde von Claude Monet, auf dem er eine Brücke in einem Seerosenteich verewigt hat.

Entlang der Promenade geht es Richtung Prinzipalmarkt. Dort links zum Domplatz abbiegen.

Blütenpracht auf dem Münsteraner Markt auf dem Domplatz

Das Antiquariat Solder ist ein bekannter Drehort in der Wilsberg-Reihe

WILSBERGS ARBEITSPLATZ

KM 10,5

2 Markt am Domplatz

Den Duft der frischen Blumen genießen

An jedem Mittwoch und jedem Samstag wird auf dem großen Domplatz ein wunderschöner Markt abgehalten. Das Angebot ist mehr als üppig: Zig Gemüse- und Obststände biegen sich unter frischer Ware, lange Schlangen bilden sich vor den Käseständen und dem Bratfisch-Imbiss. Ein kurzer Gang Richtung Blumenparadies lohnt sich: Auf unzähligen Tischen duften Schnittblumen und Gartenpflanzen in allen Farben. Einfach mal schnuppern – das tut richtig gut! An marktfreien Tagen kommt der St.-Paulus-Dom fast noch besser zur Geltung. Man sollte unbedingt einen Blick in die Kathedralkirche des Bistums Münster werfen. Hinter den großen Eingangstüren entdeckt man Kunstschätze aus insgesamt 1200 Jahren (www.paulusdom.de).

Den Markt Richtung Frauenkirche verlassen und der Straße abwärts folgen, so radelt man fast in das Schaufenster des Antiquariat Solder in der Frauenstraße 49/50.

KM 11

3 Wilsberg-Antiquariat

Ein altes Buch als Mitbringsel kaufen

Weil sich Blumen nicht so gut halten, lohnt ein kleiner Buch-Shopping-Stopp im Antiquariat Solder (www.antiquariat-solder.de). Das ist durch die ZDF-Krimireihe »Wilsberg« berühmt geworden, denn dort wohnt und arbeitet der von Jürgen Kehrer erdachte Privatdetektiv Georg Wilsberg und löst einen Fall nach dem anderen. Sowohl im »echten« als auch im »fiktiven« Antiquariat bekommen die Kunden einzigartige und seltene Bücher. Wie wäre es also mal mit einem alten Druck oder einem eigentlich schon vergriffenen Werk als Mitbringsel aus der Krimistadt Münster? Wenn es im Rucksack zu eng wird, kann man sich Bücher auch nach der Radtour online beim Antiquariat bestellen.

Ein bisschen geht es nun durch die Stadt, das Schloss lässt man links liegen und folgt immer weiter stadtauswärts den Schildern mit dem Fahrradzeichen bis zum Haus Rüschhaus.

Charmante Putten zieren den Garten des Hauses Rüschhaus

KM 17,4

4

Haus Rüschhaus

Durch den kleinen Park schlendern

Gerade freut man sich noch über den schönen Waldweg, dann entdeckt man den verwunschenen Park. Er gehört zum Haus Rüschhaus (www.burg-huelshoff.de/orte/haus-rueschhaus), dem Anwesen, das Baumeister Johann Conrad Schlaun von 1745 bis 1748 zu einem edlen Landsitz umbaute. Später kaufte Freiherr Clemens-August II. von Droste zu Hülshoff das Haus – als Witwensitz für seine Frau. So kam es, dass deren Tochter, die Dichterin Annette von Droste-Hülshoff, ab 1838 für einige Jahre ebenfalls dort wohnte. Sie empfing hier Gäste, sammelte Fossilien und Antiquitäten. Aus Briefen der Dichterin geht hervor, dass sie recht bescheiden lebte. Auch der Park, der hinter dem Haus liegt, ist eher einfach. Dennoch lohnt ein kleiner Spaziergang. Wahrscheinlich ist auch die Droste einst an den possierlichen Putten vorbeigeschritten.

Weiter geht es auf gut ausgeschilderten asphaltierten Feldwegen zur Burg Vögeding.

KM 18,8

Haus Vögeding

Buttermilch trinken und träumen

Vielleicht liegt es an den namenhaften Nachbarn – Haus Rüschhaus und Burg Hülshoff –, aber das Haus Vögeding ist selbst Einheimischen oft kein Begriff. Dabei ist die Burg uralt (zum ersten Mal wird sie 1352 erwähnt) und sieht herrlich verwunschen aus. Der Turm, der sich bei sonnigem Wetter in der breiten Gräfte spiegelt, lädt zum Träumen ein: Wie es wohl wäre, dort zu leben? Annette von Droste-Hülshoffs Vater wusste es, er besaß auch dieses schöne Anwesen. Die Dichterin hat hier zwar nie gewohnt, aber sie soll regelmäßig die Tochter des Pächters in ihrem Turmzimmer besucht haben. Die beiden jungen Damen unterhielten sich dann und tranken Buttermilch, heißt es. Zeit also, die Buttermilch aus der Kühltasche zu holen und sich einen kräftigen Schluck zu genehmigen.

Vom Haus Vögeding folgt man auf glatten Asphaltwegen der Beschilderung Richtung Burg Hülshoff.

Ein schöner Blick über den Wassergraben von Haus Vögeding

Im Innern der Burg Hülshoff befinden sich das Droste-Museum und ein Café

EXTRA INFOS:

Die Treppenstufen bei den ● **Aasee-Terrassen** bieten sich als schöner Picknickplatz mit Aussicht auf kleine Segelboote an.

Im ● **Allwetterzoo Münster** (www.allwetterzoo.de) ist man immer ganz nah dran an den Tieren – und das bei jedem Wetter. Es gibt schöne überdachte Wege und naturnahe Gehege.

Direkt hinter dem Schloss in Münster wartet der ● **Botanische Garten** (www.uni-muenster.de/BotanischerGarten) mit exotischen Pflanzen, tropischen Gewächshäusern, einem westfälischen Bauerngarten und ein paar echten Baumriesen auf.

KM 22

6 Burg Hülshoff

Droste-Picknick mit Blick auf die Burg genießen

Die Radtour führt quasi rückwärts durch die Lebensstationen Annettes von Droste-Hülshoff (1797–1848). Mit der malerisch gelegenen Wasserburg Hülshoff (www.burg-huelshoff.de) erreicht man den Ort, an dem die Dichterin geboren wurde und ihre Kindheit und Jugend verbrachte. Die Burg gab es schon im 14. Jahrhundert, zur Renaissance-Anlage wurde sie in den Jahren 1540 bis 1545. Sie befindet sich in einem 30 Hektar großen Park samt Lustwäldchen, Wildgehege und einem Teehaus. Im Wasserschloss, in dem die Droste ihre düster-melancholischen Texte schrieb, ist heute das Droste-Museum untergebracht. Man kann den Spaziergang rund um die Burg mit einem Essen im Burg-Restaurant abrunden, oder man picknickt in dem weitläufigen Park und liest dabei ein paar Gedichte oder in der Biografie der Schriftstellerin.

Entlang der Havixbecker Straße geht es zurück Richtung Bahnhof Roxel.

KM 26 » ZIEL

Bahnhof Roxel

Im Park rund um die Wasserburg Hülshoff lässt sich bestimmt ein Plätzchen für ein literarisches Picknick finden

NIENBERGE
B 54
Haus Rüschhaus
4
Hunnebecke
... AA-ÜBERQUERUNG ZUM ZWEITEN
5
Haus Vögeding
Burg Hülshoff
6
Hülsbach
GIEVENBECK
Münstersche Aa
Brockbach
A 1
Lierbach
ROXEL
AA-ÜBERQUERUNG ZUM ERSTEN
START & ZIEL
Bahnhof Roxel
Meckelbach
N
0
1
2 KM
Raststätte Münsterland

AUF EINEN BLICK

- **Start/Ziel:** Bahnhof Roxel
- **Strecke/reine Radelzeit:** 26 km (Rundtour), 2 Std. 15
- **Höhenmeter:** ↗24 m, ↘24 m
- **Wegbeschaffenheit:** Viele Asphaltwege, keine Hügel – so gleitet man gemütlich dahin.
- **Beste Zeit:** Im Herbst entfaltet die nebelverhangene Burg ihren eigenen düsteren Droste-Charme
- **Mitnehmen:** Kühltasche für die Buttermilch und das Droste-Picknick.

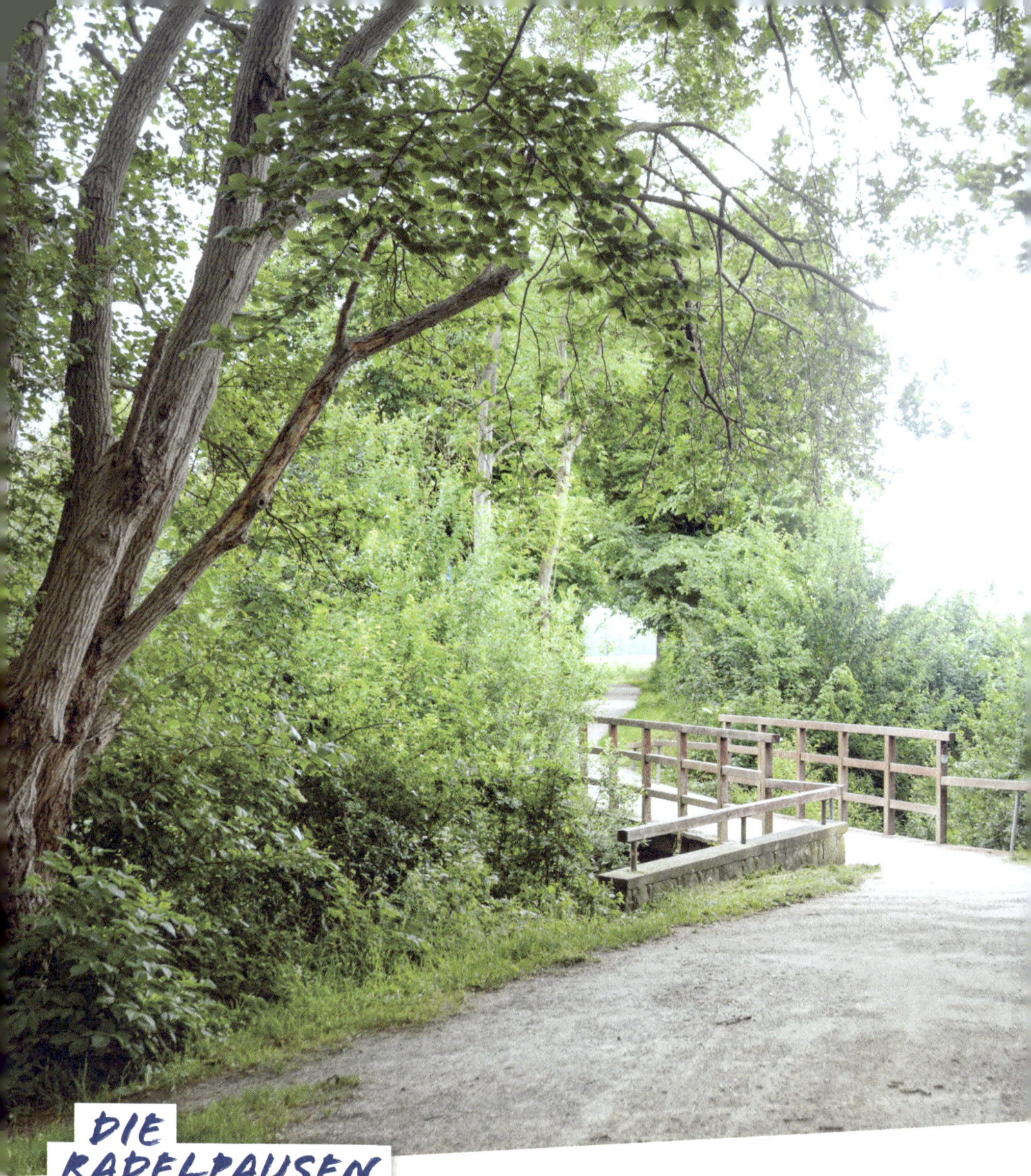

DIE RADELPAUSEN

» START
Bahnhof Ahlen

KM 5,5
1 Bank bei der Hecke
Dem Vogelgesang lauschen

KM 17,6
2 Alwine Museumsstollen
Strontianit fehlerfrei aussprechen

KM 23
3 Findling neben der Haltestelle
Plattdeutsch küeren

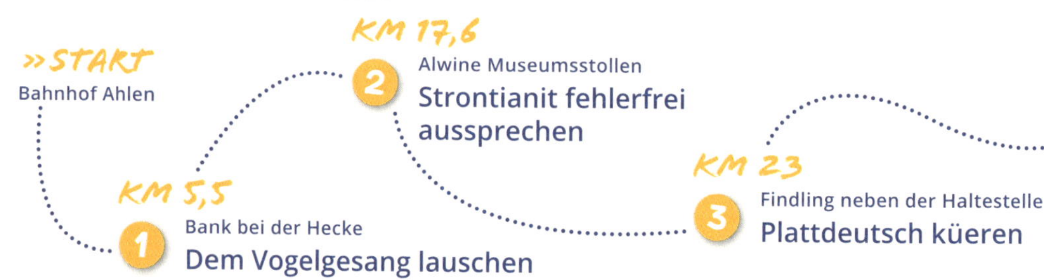

DIE HALDE IMMER IM BLICK

Entlang der wilden Werse einmal rund um Ahlen

Ein Fest für die Ohren: Der Rundweg führt vorbei an dichten Hecken, in denen Amsel, Fink und Star um die Wette singen. Aber auch fürs Auge ist etwas geboten. Die Tour liegt an der üppig bewachsenen Osthalde Westfalen, die wie ein schöner Berg anmutet.

KM 32,5

4 Kunstmuseum Ahlen
Skulpturen unter freiem Himmel betrachten

KM 33

5 Café Paris Marktplatz
Heißen Kakao genießen

Bahnhof Ahlen

LINKS DIE HALDE, RECHTS FELDER

Wer kompakte Touren ohne viel Tamtam, dafür aber mit abwechslungsreicher Landschaft mag, ist rund um Ahlen genau richtig. Hinter einem Eisenbahntunnel, in dem nur bunte Graffitis an den Wänden an die Nähe zur Stadt Ahlen erinnern, beginnt gleich der hübsche Berliner Park. Pausenbänke liegen idyllisch an kleinen Tümpeln, Kunstwerke laden zum Betrachten ein, der Weg verläuft auf feinem Schotter. Besonders reizvoll ist immer wieder der Blick auf die Werse, die einen ein ganzes Stück lang begleitet. Innerstädtisch als Fluss, der gerade renaturiert wird, später dann als breiter Bach, der sich durch hohes Gras und Buschwerk schlängelt. Lässt man den Blick über die wilde Werse schweifen, kommt ein Berg in Sicht, der eigentlich eine Halde ist. Die Osthalde Westfalen ist mit 72 Hektar Fläche die größere der beiden Halden der Zeche Westfalen. Ihr höchster Punkt liegt 167,5 Meter über dem Meeresspiegel. Mit Anmeldung darf man dort über einen Kreuzweg schlendern, ansonsten ist das Betreten verboten.

TRAUMHAFT: WENN DER BLICK ÜBER DAS WILDE WERSETAL UND DEN HALDENBERG SCHWEIFT

Doch auch aus der Ferne ist der seltsame Berg ein interessanter Wegbegleiter. Links die Halde mit dem Wersetal, dann große Bäume am Wegrand und rechts Felder – Radelnde haben viel zu gucken. Hin und wieder passiert man Holzbrücken, dann rollt man auf breiten asphaltierten Feldwegen über Land. Rund um Ahlen erwarten einen da nicht nur Kühe, Pferde, Bauernhäuser oder Scheunen, sondern am Horizont dieser Rundtour taucht auch das Beckumer Zementwerk auf und versprüht ein bisschen Industriecharme.

Wer nicht nur die Augen, sondern auch die Ohren offenhält, wird mit schönstem Gezwitscher verwöhnt. Alle möglichen Vogelarten halten sich in den dichten Hecken versteckt, die viele Wegabschnitte säumen.

Da die Tour nicht anstrengend ist, kann man am Ende noch zwei schöne Schlusspunkte setzen, indem man durch den Skulpturengarten des Ahlener Kunstmuseums bummelt und anschließend einen Abstecher zum gemütlichen Marktplatz macht. «

Wenn der Vierbeiner dem Zweibeiner beim Radeln zuschaut ...

Kunstwerke unter freiem Himmel: Im Berliner Park stehen diese beiden Jungs aus Bronze

Bunter Touranfang: Nach dem Graffiti in diesem Tunnel sieht man nur noch Landschaft

RADELN & GENIEßEN

START

Bahnhof Ahlen

Das neue Knotenpunktsystem leitet einen vom Bahnhof Richtung Nummer 64, dann zur 32 und 91 – dort verlässt man die Stadt entlang der wilden Werse. Richtung Vorhelm (hinterm Knotenpunkt 27) radelt man an wirklich vielen Hecken vorbei. An Kilometer 5,5 geht es rechts ab zu einer unscheinbaren Bank.

Hier zwitschern die Vögel besonders intensiv

KM 5,5

1

Bank bei der Hecke

Dem Vogelgesang lauschen

Wer hier Pause macht, sollte die Ohren aufstellen. Denn die Bank liegt hinter den Hecken, die man vorher passiert hat. Unzählige Vögel haben darin ihr Versteck. Es wird gezwitschert und geträllert, dass man einfach nur still dasitzen und zuhören sollte. Wer keine Ahnung hat, wie Amsel, Fink und Star eigentlich klingen, könnte sich vorab eine Handy-App herunterladen (beispielsweise die Nabu-App Vogelwelt), mit der man die Gesänge zuordnen kann. Wer weiß, vielleicht erkennt diese dann ja sogar das einzigartige Geträller einer späten Nachtigall ...

Die nächsten Knotenpunkte auf der Route lauten 51, 70, 5. Man überquert die Gleise des Vorhelmer Bahnhofs und radelt auf der Strontianitstraße bis zum ehemaligen Stolleneingang Alwine links.

KM 17,6

2 Alwine Museumsstollen

Strontianit fehlerfrei aussprechen

Ein hübscher Rastplatz mit Infotafel und einem Stolleneingang liegt unspektakulär am Wegrand, erzählt jedoch eine Geschichte, wie man sie im Münsterland gar nicht erwartet. An dieser Stelle herrschte einst Goldgräberstimmung. Doch statt nach Gold gruben die rund 2200 Bergleute in der Region nach Strontianit. Wie bitte? Was das ist? Ein Mineral bzw. Erz, das es äußerst selten gab – außer eben im südlichen Münsterland. Der Museumsstollen bei Vorhelm erinnert an den mit 110 Metern tiefsten der insgesamt 700 Schächte, in denen das wertvolle Erz abgebaut wurde. Damals wurde es vor allem zur Zuckergewinnung aus Zuckerrüben gebraucht, heute findet es Verwendung in Medikamenten, Computer-Bildschirmglas oder pyrotechnischen Erzeugnissen und wird vor allem aus China importiert. Der wiederaufgebaute Eingangsbereich des Stollens ist begehbar.

Hat man Vorhelm durchradelt, geht es Richtung Knotenpunkt 86 ein gutes Stück über den asphaltierten Alten Münsterweg. An der Kreuzung Nienholtweg befindet sich eine gemauerte Bushaltestelle, vor der ein Findling steht.

Was macht denn dieser Stolleneingang im Münsterland? Die Info-Tafel gibt die Antwort

Ein Stein mit einem plattdeutschen Spruch motiviert zum laut Vorlesen

KM 23

3 Findling neben der Haltestelle

Plattdeutsch küeren

Es ist noch gar nicht so lange her, da lernten die Schüler:innen in Westfalen noch Gedichte von Augustin Wibbelt (1862–1947) auswendig. Der Mundartdichter lebte in Vorhelm und schrieb und sprach Münsterländer Platt. Um an ihn und sein Werk zu erinnern, hat der Heimatverein Vorhelm Wibbelt-Spruchsteine aufgestellt. Dieser steht neben einer Bushaltestelle direkt an der Radroute rund um Ahlen. Eine ideale Gelegenheit, sich einmal in Platt zu versuchen. Die Zeilen stammen übrigens aus dem Gedicht »De Blomenwiesk«. Das heißt Blumenwiese. Die hochdeutsche Übersetzung der Verse: »Was steht die Wiese von Blumen voll, Was steigt der süße Lebensfluss, Als wenn sie überschäumen wollte, Von lauter Lust und Mut.« Und jetzt das Ganze in Plattdeutsch!

Ab Knotenpunkt 86 geht es nicht mehr mit Zahlen weiter, sondern man folgt dem Schild Richtung Ahlen. Wenn links die alte Rubberts-Mühle die Werse etwas aufstaut, ist man schon auf Höhe des Kunstmuseums.

ERST RADELN, DANN KUNST ANGUCKEN

Garten mit Skulpturen. Selbst wer nicht ins Museum hineingeht, bekommt Kunst zu sehen

KM 32,5

4 Kunstmuseum Ahlen

Skulpturen unter freiem Himmel betrachten

Ein bunter Zaun macht auf das Kunstmuseum Ahlen aufmerksam

Wechselnde Ausstellungen, Kunst des frühen 20. Jahrhunderts und europäische Nachkriegsmoderne bis in die heutige Zeit: Das Kunstmuseum Ahlen (www.kunstmuseum-ahlen.de) hat seinen Schwerpunkt auf Malerei am Übergang vom Impressionismus zum Expressionismus aus Westfalen und dem Rheinland gelegt. Eine Entdeckungstour durch das gerade renovierte Gebäude ist also äußerst spannend. Wer keine Lust hat, nach all der frischen Luft das Museumsinnere zu erkunden, kann auch einfach gemütlich durch den Skulpturengarten schlendern und dabei hochkarätige Kunst genießen. Hier stehen Werke der Künstler Heinz Mack, Horst Linn und Peter Schickerath. Im Innenhof befindet sich ein gemütliches Café.

Wer nach der Tour Ahlen noch ein bisschen anschauen möchte, fährt links über die Weststraße Richtung Zentrum und schiebt sein Rad die letzten Meter durch die Fußgängerzone zum Marktplatz.

EXTRA INFOS:

Gleich zu Beginn und auch wieder am Ende der Tour passiert man schön angelegte ● **Stadtparks** mit vielen großen Wellenliegen. Hier kann man sich hervorragend ausruhen – und sogar einschlafen.

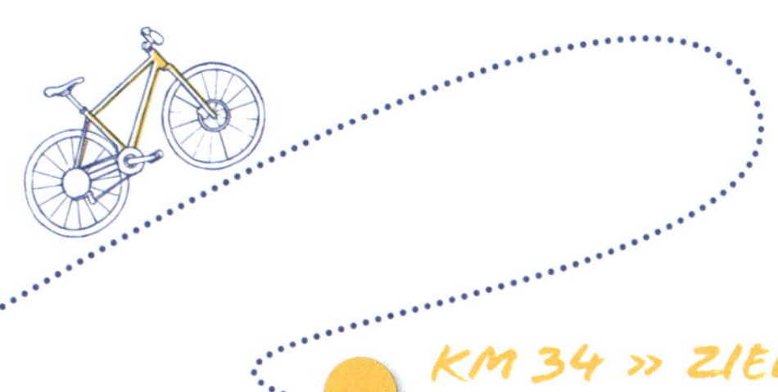

KM 34 » ZIEL
Bahnhof Ahlen

KM 33

5 **Café Paris Marktplatz**

Heißen Kakao genießen

Direkt am Marktplatz befinden sich ein paar Cafés und eine Kirche. Im Innern des Café Paris (cafe-paris-bistro.business.site) hängen bunte Bilder, die Tische aus Holz erinnern an den letzten Urlaub im Süden. Geboten werden selbstgebackene Kuchen, Torten und ein französischer Mittagstisch mit wechselnden Spezialitäten. Draußen stehen runde Tischchen, bei kühlem Wetter liegen Decken bereit. Wenn man dann eine heiße Schokolade trinkt und den Blick über den Marktplatz schweifen lässt, fühlt es sich – ja, tatsächlich ein bisschen französisch an.

Jetzt geht es zurück zum Bahnhof. Hinweisschilder weisen den Weg.

Ein bisschen Frankreich mitten in Ahlen: Das Café Paris liegt direkt am Marktplatz

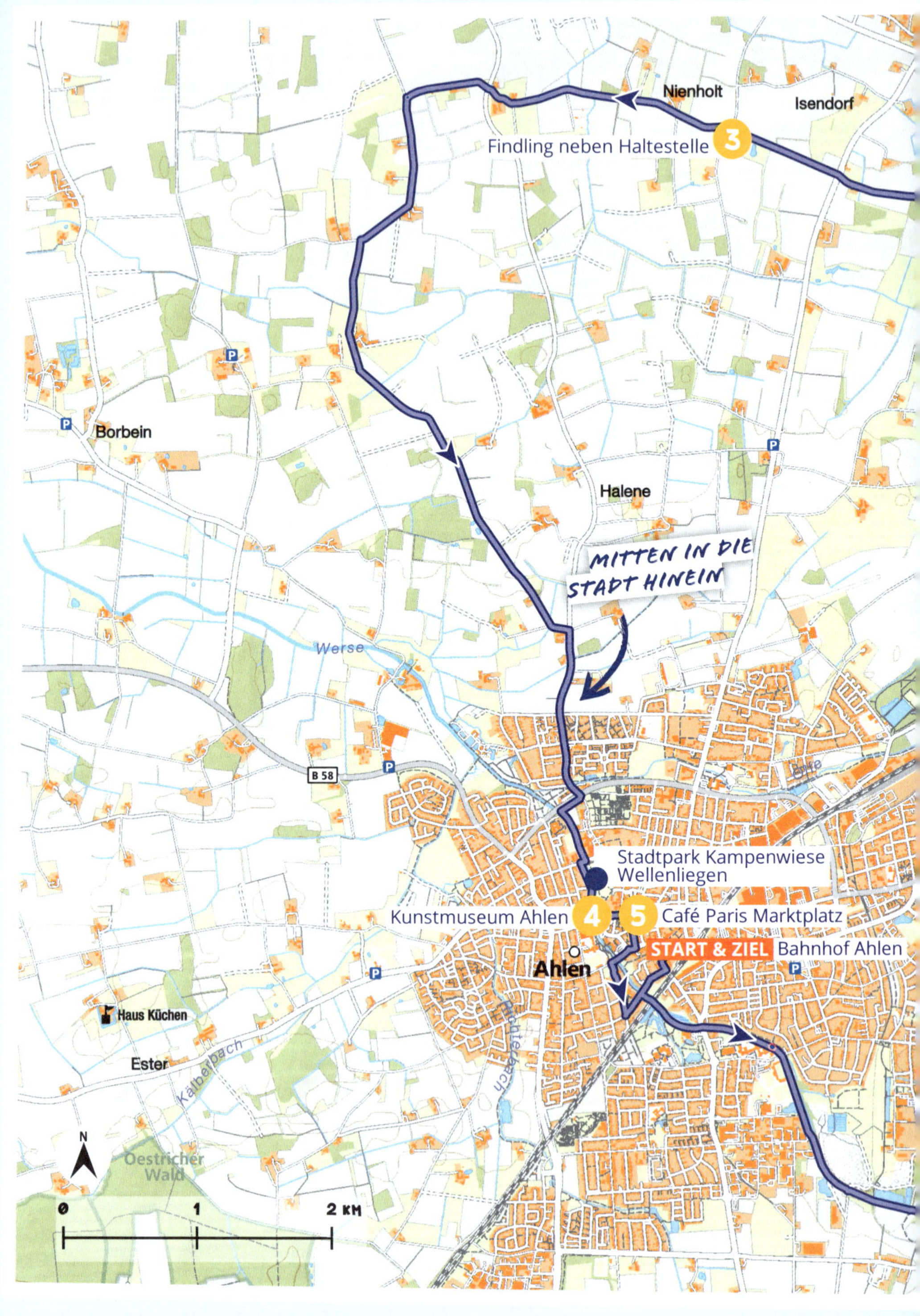
Nienholt
Isendorf
Findling neben Haltestelle 3
Borbein
Halene
MITTEN IN DIE STADT HINEIN
Werse
B 58
Stadtpark Kampenwiese Wellenliegen
Kunstmuseum Ahlen 4
5 Café Paris Marktplatz
START & ZIEL Bahnhof Ahlen
Ahlen
Haus Küchen
Ester
Kälberbach
Oestricher Wald
N
0
1
2 KM

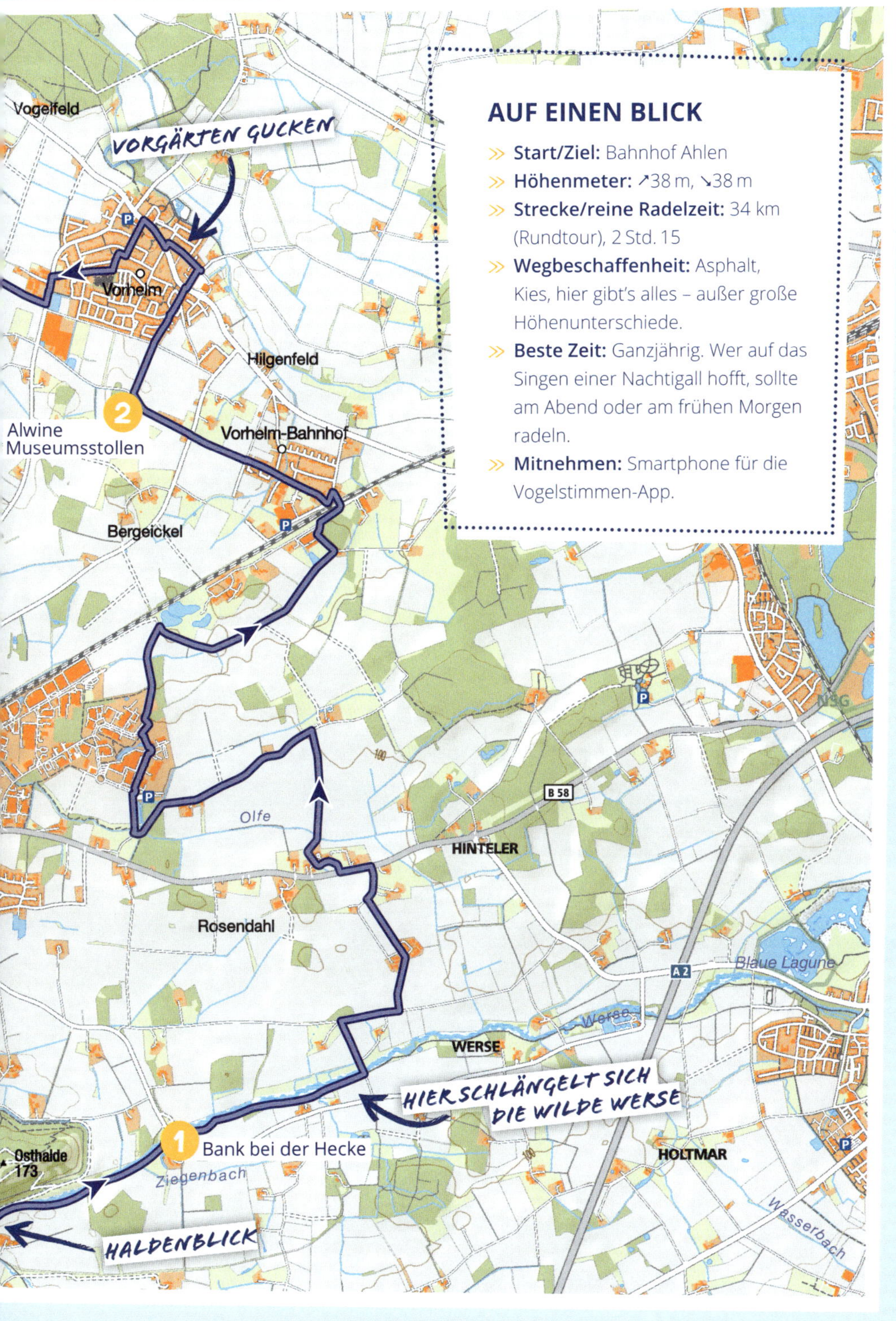

AUF EINEN BLICK

- **Start/Ziel:** Bahnhof Ahlen
- **Höhenmeter:** ↗38 m, ↘38 m
- **Strecke/reine Radelzeit:** 34 km (Rundtour), 2 Std. 15
- **Wegbeschaffenheit:** Asphalt, Kies, hier gibt's alles – außer große Höhenunterschiede.
- **Beste Zeit:** Ganzjährig. Wer auf das Singen einer Nachtigall hofft, sollte am Abend oder am frühen Morgen radeln.
- **Mitnehmen:** Smartphone für die Vogelstimmen-App.

DIE RADELPAUSEN

» START
Bahnhof Neubeckum

KM 3,2
1 Steinbruch Hellbach und Vellern
Einfach mal blau machen

KM 6,9
2 Steinbruch Kollenbach
Step by step zum Panoramablick

KM 7,5
3 Quellgebiet der Werse
Am Geburtsort eines Flusses ausruhen

3 DEM ZEMENT AUF DER SPUR

Durch die Beckumer Berge zu den wilden Canyons

Mächtige Zementwerke am Horizont, weite Sicht über Felder, hügelige Wälder und dann noch das beeindruckende Canyon-Blau der Steinbruchseen – diese abwechslungsreiche Tour rund um Beckum ist alles andere als betongrau und zementstaubig.

KM 8,2
4 Phoenixpark
Ein paar Frisbees werfen

KM 17,9
5 Zementmuseum Beckum
Im Zementlabor forschen

KM 19,8
6 Steinbruchseen bei Beckum
Mitten durch die Blaue Lagune

KM 27 » ZIEL
Bahnhof Neubeckum

EXOTISCHE UNGETÜME

Liegen die Häuser von Neubeckum erst einmal hinter einem, wird es gleich ländlich. Auf schmalen Pfaden oder baumgesäumten Feldwegen geht es auf 27 Kilometern rund um Neubeckum. Immer wieder kommt dabei der Horizont in Sicht, oder es eröffnen sich ungewöhnliche Ausblicke.

WEIL DIE BLAUEN STEINBRUCHSEEN SO BLENDEN, MUSS MAN DIE SONNENBRILLE AUFSETZEN

Mal ist nur ein Acker zu sehen, dann ein Bauernhof hinter einem Getreidefeld, ein idyllischer Picknickplatz – und die beeindruckenden Silhouetten der Zementwerke. Diese wirken in der ansonsten so braven münsterländischen Parklandschaft wie exotische Ungetüme aus einer anderen Welt. Und sie weisen den Weg. Ist das nächste Zementwerk zu sehen, befindet man sich meistens auf dem richtigen. Denn der führt auf dieser Themenroute entlang der Industriestätten des Zementreviers Beckum.

Für die Zementroute gibt es eigene Hinweisschilder, sodass die Orientierung wirklich nicht allzu schwerfällt. Manchmal fehlt allerdings ein Schild, dann ist es gut, wenn man weiß, wohin man eigentlich will. Bei diesem Routenvorschlag geht es von Neubeckum über Vellern in einer Schleife auf Beckum zu und von dort wieder über Roland nach Neubeckum.

Das große Pfund, mit dem die Route wuchern kann, ist das Thema Zement, das in keiner Region des Münsterlandes so präsent ist wie im Beckumer Raum. Dazu sorgen die abwechslungsreichen Aus- und Einblicke für eine sehr kurzweilige Tour. Unterwegs rollt man ebenso an aktiven wie auch an stillgelegten Zementwerken vorbei. Immer wieder erklären Infotafeln, was man gerade sieht.

Hat man das Gefühl, nur durch wohnbebautes Gebiet zu radeln, kommt man sich im nächsten Moment vor wie in einem Winnetou-Film samt Canyon-Feeling. Denn ehemalige Steinbrüche, die inzwischen zu Seen und wahren Naturparadiesen geworden sind, sorgen für ehrfurchtsvolles Innehalten. «

Die Route führt auch über hübsche Allee-Wege

Das monumentale Kriegerdenkmal im Westpark von Beckum

Die Werse lässt sich auf der Tour auch immer wieder blicken

RADELN & GENIEßEN

Bahnhof Neubeckum

Dem ersten Hinweisschild zur Zementroute direkt am Bahnhof rechts über die Bahnhofstraße folgen. Diese wird zur Gustav-Moll-Straße, an der man rechts auf die Eichendorffstraße abbiegt. An deren Ende links Richtung Zementroute und Vellern. Nicht weit entfernt liegt der beschilderte Pausenplatz Steinbrüche Hellbach/Vellern.

Blautürkis schimmert das Wasser im ehemaligen Steinbruch

Auf einer Info-Tafel erfährt man etwas über die Geschichte der Steinbrüche Hellbach/Vellern

KM 3,2

1 Steinbruch Hellbach und Vellern

Einfach mal blau machen

Die erste Pause ist gleich eine mit lohnenswertem Ausblick. Schaut man Richtung Westen, liegt da ein wunderschöner See. Kaum zu glauben, dass er bis 1990 noch der Steinbruch Hellbach war. Hier wurde auf einer Größe von 40 Fußballfeldern Kalkmergel abgebaut, besser bekannt als Wasserkalk. Richtet man den Blick in östliche Richtung, erstreckt sich dort der ehemalige Steinbruch Vellern. Schon seit 1925 hat die Natur die Fläche zurückerobert, und zwar äußerst erfolgreich: Sogar Orchideen wachsen vor Ort. Also sollte man den schönen Rastplatz nutzen, sich Zeit nehmen und sich umschauen und einfach mal den vielen zwitschernden Vögeln lauschen!

Nachdem man die A 2 gequert und das kleine Dörfchen Vellern durchradelt hat, folgt man weiter den Zementrouten-Hinweisschildern bis zur Aussichtsplattform Kollenbach.

Industriekultur vor blauem Himmel

Steinbruch Kollenbach

Step by step zum Panoramablick

Friedlich führt ein Feldweg durch die Landschaft. Nichts deutet darauf hin, dass hinter den Büschen und Hecken ein hübscher See mit türkisblau schimmerndem Wasser liegt. Das erkennt nur, wer die paar Stufen der Aussichtsplattform am Wegrand erklommen hat. Denn erst oben eröffnet sich der Panoramablick auf den Steinbruchsee. Teilweise ist dieser noch aktiv, auch wenn Teile des Abbaus bereits eingestellt sind. Das Wasser aus dem Steinbruch wird dort gesammelt und zur Brauchwassernutzung in das Zementwerk Kollenbach geleitet. Ebenfalls vom Aussichtspunkt zu sehen: das Werk der Phoenix Zementwerke Krogbeumker GmbH & Co. KG und dahinter das Werk Mersmann.

Weiter den Zementroutenschildern nach bis zu einem Pausenplatz, der mit dem gelben Werseradwegschild mit einer 8 darauf beschildert ist.

KM 7,5

3

Quellgebiet der Werse

Am Geburtsort eines Flusses ausruhen

Immer wieder verläuft die Zementroute auch auf dem Werseradweg. An Station 8 dieses Flusswegs lohnt eine längere Ruhepause. Nicht weit von den Picknickbänken, die dort zur Rast einladen, befindet sich das weitläufige und verwirrende Quellgebiet der Werse. Verwirrend deshalb, weil es nicht nur eine Quelle des Flusses gibt, sondern gleich mehrere Hundert. In den Beckumer Bergen entspringen nämlich ganz viele kleine Bäche, von denen manche nicht einmal einen Namen haben. Fest steht nur: Wenn die drei Bäche Kollenbach, Siechenbach und Lippbach sich vereinigen, werden sie zur Werse. Und nur 400 Meter vom Picknickplatz entfernt entspringt der Kollenbach. Darauf kann man doch gut mal einen Schluck Wasser aus der Proviantflasche trinken!

Weiter geht es auf der Zementroute. Achtung, kurz vorm Phoenixpark links abwärts fahren und dann nicht am Ufer des Phoenixsees entlang, sondern sich links halten.

Teilweise radelt man auch über den Werseradweg

Im Zement-Museum ist auch ein Zementlabor eingerichtet

KM 8,2

4 Phoenixpark

Ein paar Frisbees werfen

Hier zeigt die Stadt Beckum, was aus einer ehemaligen Industrieanlage werden kann. Der Aktivpark Phoenix (www.beckum.de > Freizeit > Erholungsgebiete > Aktivpark Phoenix) bietet so viel, dass man unmöglich alles ausprobieren kann, was man gern machen möchte. Aber für einen Blick über den See, die weitläufige Anlage und eine kleine Runde Frisbee sollte man sich unbedingt Zeit nehmen. Ein abwechslungsreicher Discgolf-Kurs lädt Frisbee-Fans ein, Wettkämpfe auszutragen. Ziel ist es, die runde Scheibe in Körbe zu werfen. Sie sehen ein bisschen wie Basketballkörbe aus, sind aber niedriger aufgehängt. Wer seine Scheibe vergessen hat, kann sich auch in der Nähe der Kletteranlage niederlassen und den Kraxelnden bei ihren Gipfelstürmen auf den bunten Kletterturm zuschauen.

Die Zementroute ist auch im Beckumer Stadtgebiet ausgeschildert. Nachdem man einen kleinen Park passiert hat, weist ein Hinweisschild rechts zum Zementmuseum.

KM 17,9

5 Zementmuseum Beckum

Im Zementlabor forschen

Das Zementmuseum liegt nur einen Steinwurf von der Zementroute in Beckum entfernt in der Hammer Straße. Da die Öffnungszeiten begrenzt sind, sollte man vorher einen Besichtigungstermin auf der Website buchen, die auch einen virtuellen Rundgang ermöglicht (www.zement-museum.de). Im Innern der kleinen Wassermühle werden historische Dokumente und Bilder aus dem frühen 20. Jahrhundert, ein Zementwerksmodell, Modelle zum Zementherstellungsprozess, ein komplett eingerichtetes Zementlabor sowie Mineralien- und Fossilienexponate aus den Steinbrüchen gezeigt.

Zurück auf der Zementroute eröffnet sich kurz hinter der Wohnbebauung schon der Blick auf die Blaue Lagune.

Mitten im Park steht dieser große Kletterturm

KM 19,8

6

Steinbruchseen bei Beckum

Mitten durch die Blaue Lagune

Die meisten Einheimischen nennen ihren ehemaligen Steinbruch West inzwischen Blaue Lagune. Das Wasser schimmert türkisblau und wirkt so fast schon karibisch. Doch nicht nur das: Der Biotopsee und der benachbarte Landschaftssee sind wahre Naturparadiese. Standortgerechtes Buschwerk, Kalkhalbtrockenrasen und Schilfzonen bieten Tieren – darunter alleine über 70 Vogelarten – und Pflanzen gute Voraussetzungen. Um das empfindliche Ökosystem zu schützen, gilt allerdings seit einigen Jahren ein Bade- und Betretungsverbot für die Seen. Der Radweg führt genau zwischen ihnen entlang. Man kann also jede Menge blaue Farbe um sich herum genießen. Oberhalb der Seen steht eine Sitzgruppe, an der es sich mit herrlichem Ausblick picknicken lässt. Genug Zeit und Proviant mitnehmen! Eine schönere Aussicht wird es auf dieser Tour nicht mehr geben.

Weiter den Zementroutenschildern Richtung Neubeckum und Bahnhof folgen.

EXTRA INFOS:

In Beckum kann man ein Weilchen im ● **Westpark** verbringen. Dort steht ein imposantes Kriegerdenkmal, das auch Schatten spendet.

Wer sich noch etwas die Beine vertreten möchte, unternimmt kurz vorm Ziel einen gemütlichen Seespaziergang rund um den ● **Rolandsee**.

Das kleine Dorf ● **Vellern** liegt direkt an der Zementroute. Dort kommt man hervorragend zur Ruhe. Die ortsprägende Kirche ist schnell umrundet, umso mehr Zeit hat man für die Einkehr im Biergarten des stilvollen Fachwerk-Hotels Alt Vellern (www.alt-vellern.de).

KM 27 » ZIEL

Bahnhof Neubeckum

Mitten durch das Naturparadies Blaue Lagune

LAAKE
Schäringerfeld
START & ZIEL
Bahnhof Neubeckum
Hellbach
NEUBECKUM
Vorhelm-Bahnhof
IDYLLE PUR
B 475
Vinckewald
Rolandsee
Spaziergang am Rolandsee
Roland
NSG
Freizeitsee Tuttenbrock
B 58
Olfe
HINTELER
B 58
UND WIEDER GEHT'S RAUS
Steinbruchseen bei Beckum
6
NSG
A 2
Werse
WERSE
Zementmuseum
5
Beckum
Kriegsdenkmal im Westpark
Werse
Sächsisches Fürstengrab
HOLTMAR
Wasserbach
N
Stelterba
0
1
2 KM
AM STADTRAND ENTLANG
Elker

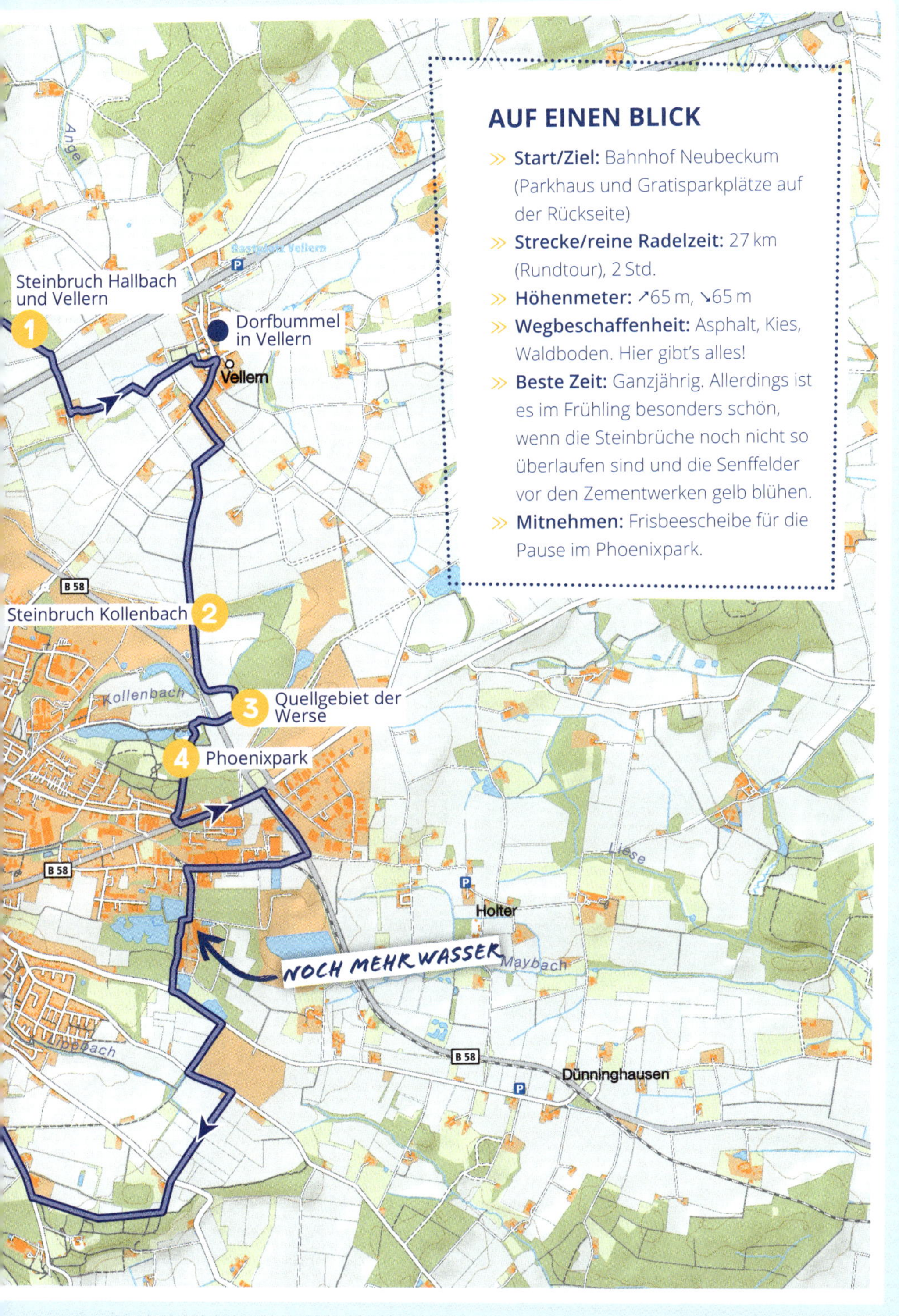

AUF EINEN BLICK

» **Start/Ziel:** Bahnhof Neubeckum (Parkhaus und Gratisparkplätze auf der Rückseite)

» **Strecke/reine Radelzeit:** 27 km (Rundtour), 2 Std.

» **Höhenmeter:** ↗65 m, ↘65 m

» **Wegbeschaffenheit:** Asphalt, Kies, Waldboden. Hier gibt's alles!

» **Beste Zeit:** Ganzjährig. Allerdings ist es im Frühling besonders schön, wenn die Steinbrüche noch nicht so überlaufen sind und die Senffelder vor den Zementwerken gelb blühen.

» **Mitnehmen:** Frisbeescheibe für die Pause im Phoenixpark.

DIE RADELPAUSEN

» START
Bahnhof Lengerich

KM 6,5
1 Am Angelgewässer
Beim Angeln zuschauen

KM 8,4
2 Baum vor Bach
Kurz mal hinsetzen

KM 10,6
3 Buddenkuhle
Pack die Badehose aus!

4 DER SEE IST DAS ZIEL

Lengericher Angel-, Sandgruben- und Baderunde

Stille Naturfans, wilde Wasserratten und sehnsuchtsvolle Seesüchtige: Bei dieser entspannten Gewässerrundtour ab Lengerich kommen die unterschiedlichsten Charaktere auf ihre Kosten. Wer bei warmem Wetter unterwegs ist, sollte an eine Badehose oder den Badeanzug denken. Es wird unterwegs Gelegenheit zum Abtauchen geben.

KM 24,2
4 Sandgrube von Dyckerhoff
Nur einen Blick riskieren

KM 26,8
5 Picknickbank in der Alten Schulstraße
Bei den Kühen kauen

KM 28,2
6 Alte Knemühle
Stille genießen

KM 33,6 » ZIEL
Bahnhof Lengerich

UNAUFGEREGT ZU DEN SEEN

Diese leichte Rundtour ab Lengerich bietet keine spektakulären Schlösser oder Burgen, auch fehlen aufregende Einkehrmöglichkeiten, und nicht mal der bekannte Lengericher Canyon liegt an der Strecke – trotzdem findet man hier etwas, das viele suchen: Ruhe! Und zwar dank zahlreicher menschenleerer Feldwege und kleiner Seen, die immer wieder ganz überraschend am Wegrand oder hinter Bäumen versteckt auftauchen.

DAS HANDTUCH AN DER BUDDENKUHLE AUSBREITEN UND KURZ STRANDURLAUB MACHEN

Mal schimmert in einem Wald die Wasseroberfläche eines stillen Angelteichs, dann kommt plötzlich Freibadstimmung an der Buddenkuhle auf. Spannend sind die durch hohe Zäune gesicherten Sandgruben der Firma Dyckerhoff, an denen große Schilder den Zutritt verbieten. Schauen kann man aber. Das Ganze mutet ein bisschen an wie ein Lost Place mit Aussicht.

Auf der Strecke befindet sich auch die verfallene Knemühle. Sie selbst und ihre Umgebung haben einen ganz eigenen morbiden Charme. Dazwischen ist jede Menge unaufgeregte Landschaft. Felder, Wiesen und wiederkäuende Kühe begleiten einen auf dem Weg.

Dass die Menschen in der Nähe von Lengerich zur Ruhe kommen, belegen auch die Campingplätze, die man passiert. Hier wollen viele einfach ganz entspannt ihre freien Tage genießen. Beispielsweise mit Angeln, Baden oder einer Runde Radfahren.

Da die Tour nicht besonders lang ist, kann man am Ende noch ein bisschen durch Lengerich bummeln. Die Kleinstadt liegt am südlichen Ausläufer des Teutoburger Waldes und wird deshalb bei gutem Wetter angenehm von der Sonne beschienen. Lengerich hat einen hübschen Altstadtkern mit einem historischen Torhaus aus Fachwerk, schönen Stadthäusern, einigen Geschäften, Cafés und Kneipen. Außerdem stößt man überall auf Skulpturen, die immer auch ein bisschen Stadtgeschichte erzählen. Denn Lengerich ist schon sehr alt: Erstmals urkundlich erwähnt wurde es 1147 – damals noch als Liggerike.

Ein Kirchturm am Wegesrand

Ganz schön morsch, diese Bank. Setzen auf eigene Gefahr

Diese Tour führt über viele asphaltierte Feldwege

RADELN & GENIEßEN

Bahnhof Lengerich

Die Lienener Straße wird zur Bahnhofstraße, dann rechts in die Kolpingstraße. Links in die Bergstraße, den Schildern rechts Richtung Zentrum folgen. Durch das Römertor Richtung Ladbergen. Vom Aldruper Damm rechts in Am Feldweg, links auf den Sonnenhügeldamm. Wenn man die Straße Zur Sandgrube quert, geht es links auf den Brookhaarweg. Nach wenigen Metern versteckt sich der Sonnenhügelsee hinter Bäumen und Büschen.

Schöne Aussicht: Blick aufs Angelgewässer am Wegesrand

Am Angelgewässer

Beim Angeln zuschauen

Man muss schon seinen Blick nach links durch das Grün der Sträucher hindurch richten, um den Sonnenhügelsee zu entdecken. Versteckt hinter einem üppig bewachsenen Ufergürtel, bietet er allen, die gern angeln und in der Natur sind, ein stilles Revier. Ein paar kleine Pfade führen zum See. Wer sie betritt, sollte sich ruhig verhalten: Die Wahrscheinlichkeit, dass hier ein paar Leute sitzen, um Karpfen, kleine Hechte oder Barsche aus dem Wasser zu fischen, ist hoch. Also beschränkt man sich aufs Beobachten und genießt einfach die Entschleunigung beim Blick auf den See und die geduldigen Angler:innen am Ufer.

*Weiter auf dem asphaltierten Weg, an dessen Ende rechts und danach wieder links. Am Straßenrand in Ufernähe des Aldruper **Mühlenbachs liegt ein Baumstamm.***

Wie wäre es mit einer Pause an diesem friedlichen Bach?

Bunter Badespaß in der Buddenkuhle

KM 10,6

3 Buddenkuhle

Pack die Badehose aus!

Natürlich ist die rund zehn Hektar große Buddenkuhle kein Meer, aber ein bisschen Ostseegefühl kommt schon auf, wenn man sich dem ehemaligen Baggersee nähert. Dazu muss man über den Campingplatz und dort für den Zutritt zum Badestrand ein kleines Eintrittsgeld zahlen. Obwohl der Bereich nicht besonders groß ist, hält sich der Trubel in Grenzen. Und man bekommt das volle Strandprogramm geboten: Lachende Familien, die riesige Gummischwimmtiere zu Wasser lassen, Sonnenhungrige und Ausdauersportler:innen, die durch das Wasser kraulen – hier gibt's alles. Wem es warm ist und wer ein bisschen Urlaubsgefühl braucht, legt eine längere Pause ein. Entweder man springt selbst ins Wasser, lässt den Blick einfach schweifen oder macht ein Nickerchen auf dem weichen, weißen Strand.

Hinter der Buddenkuhle auf den gepflasterten Weg. Links auf den Overbecker Weg (nicht dem Fahrradzeichen folgen!), der zum Setteler Damm und Ringeler Damm wird. Scharf rechts in den Osslagen Weg, links in eine Birkenallee (Niederringel) und zunächst rechts Richtung Lienen Kattenvenne. Dann nicht dem Pfeil folgen, sondern links auf den Ottendamm bis zum Ende fahren. Rechts auf Niedermarker Damm und rechts auf Hohner Mark. Hier liegt die Sandgrube.

KM 8,4

2 Baum vor Bach

Kurz mal hinsetzen

Natürlich gibt es wunderbare Picknickbänke und hervorragende Tische, auf denen man mitgebrachtes Essen ausbreiten kann. Doch manchmal ist so ein einfacher Baumstamm, der wie zufällig am Lengericher Aa-Bach liegt, viel gemütlicher und für eine Spontanpause besser geeignet. Steigt man vom Fahrrad ab und hockt sich ein Weilchen hin, nimmt man die Umgebung und das Gezwitscher der Vögel meist gleich viel besser wahr. Außerdem kommen immer wieder andere Menschen vorbei, denen man zuwinken kann oder mit denen man vielleicht – wenn diese auch ein kleines Päuschen machen – über den Weg fachsimpeln möchte.

Weiter geradeaus, dann links halten. Die Straße heißt hier schon An der Buddenkuhle – deren glatte Wasseroberfläche man bald schon durch einen Zaun erblickt.

Kühe haben auf viele Menschen eine beruhigende Wirkung

KM 24,2

4

Sandgrube von Dyckerhoff

Nur einen Blick riskieren

Erst der stille Anglersee, dann der fröhliche Badesee, jetzt ein verbotener Ort. Jeder See ist anders. So auch der dritte auf dieser Rundtour: Die Sandgrube der Firma Dyckerhoff ist vor allem gut gesichert. Denn hier mag es zwar einladend aussehen, doch das Betreten des Uferbereichs und das Baden sind strikt untersagt. Viel zu gefährlich! Sandkanten können jederzeit abbrechen und gefährliche Ströme erzeugen, die Badende in die Tiefe ziehen würden. Was aber trotzdem seinen Reiz hat: einen Blick durch den Zaun riskieren und ein paar Fotos von diesem spannenden Lost Place machen.

Um den versteckten See herumfahren, kurz rechts (Hohner Damm) und wieder links. Wenn es nach einer langen Strecke geradeaus auf dem Brombeerweg links auf den Alten Schulweg geht, ist dort ein schöner Pausenplatz vor einer Kuhweide.

KM 26,8

Picknickbank in der Alten Schulstraße

Bei den Kühen kauen

Endlich sieht man sie wieder: Kühe. Lange in die Ställe verbannt, werden sie jetzt vermehrt an die frische Luft gelassen. Weidehaltung ist im Trend. Und während man früher im Münsterland fast nur die braun-weißen Rinderrassen sah, sind sie jetzt schwarzbunt, weiß oder hellbeige. Ganz egal welche Fellfarbe: Ein paar Kühe, die entspannt auf der Wiese liegen und sich durch nichts stören lassen – das wirkt manchmal wie ein regelrechtes Beruhigungsmittel. Mit etwas Glück kann man nahe der hölzernen Picknickbank in der Schulstraße so eine Truppe wiederkäuender Vierbeiner beobachten, während man selbst vielleicht gerade eine kleine Entspannungspause bei mitgebrachtem Picknick macht.

Dem Alten Schulweg weiter folgen, dann rechts durch ein bebautes Gebiet. Rechts liegt die stillgelegte Knemühle am Mühlenbach.

Betreten verboten, gucken erlaubt

Pausenplatz mit Blick auf die Kuhweide

EXTRA INFOS:

Das bekannteste Ausflugsziel bei Lengerich ist der ● **Canyon**. Ein ehemaliger Kalksandsteinbruch, der wegen des türkisblau schimmernden Wassers jedes Jahr Tausende Menschen auf die Aussichtsplattformen lockt. Doch für einen Ausflug dorthin sollte man das Fahrrad besser stehen lassen und die Wanderschuhe schnüren.

KM 33,6 » ZIEL

Bahnhof Lengerich

KM 28,2

6 Alte Knemühle

Stille genießen

Von wegen »Es klappert die Mühle am rauschenden Bach«. Die Knemühle steht still. Und das schon seit 1970. Damals wurde der Betrieb eingestellt, davor hatte die Mühle aber auch wahrlich viel und sehr lange gearbeitet. Vor etwa 1200 Jahren war sie zunächst eine Wassermühle, ab 1774 zusätzlich eine Windmühle. Weil sie am Knick beziehungsweise Knie (Kne) des Mühlenbaches liegt, bekam sie wahrscheinlich ihren Namen. Jetzt ist sie eine stille Zeugin der Vergangenheit. Und man wird bei ihrem Anblick tatsächlich auch ganz still. Selbst der angestaute Mühlenbach scheint sich überhaupt nicht zu regen. Also: einfach mal diese besondere Atmosphäre genießen.

Jetzt geht es ***über*** *Witte Feld, Am Mühlenbach und durch Lengerich zurück zum Bahnhof. Den Bahnhofssschildern folgen.*

HISTORISCHE MÜHLE

Klappert nicht mehr: die alte Knemühle

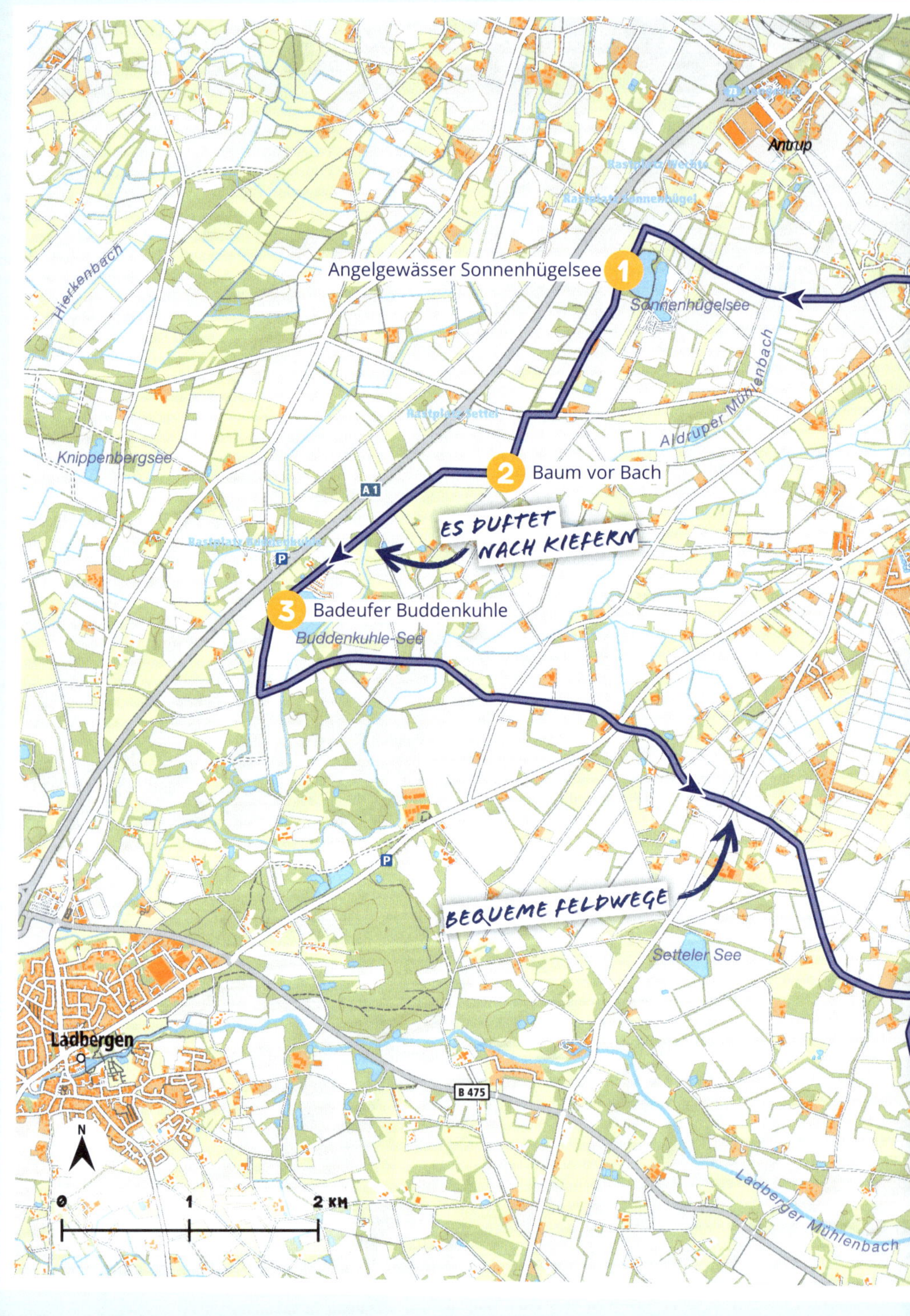

Antrup
Angelgewässer Sonnenhügelsee
1
Sonnenhügelsee
Hierkenbach
Aldruper Mühlenbach
Knippenbergsee
2
Baum vor Bach
A 1
ES DUFTET NACH KIEFERN
3
Badeufer Buddenkuhle
Buddenkuhle-See
BEQUEME FELDWEGE
Setteler See
Ladbergen
B 475
N
0
1
2 KM
Ladberger Mühlenbach

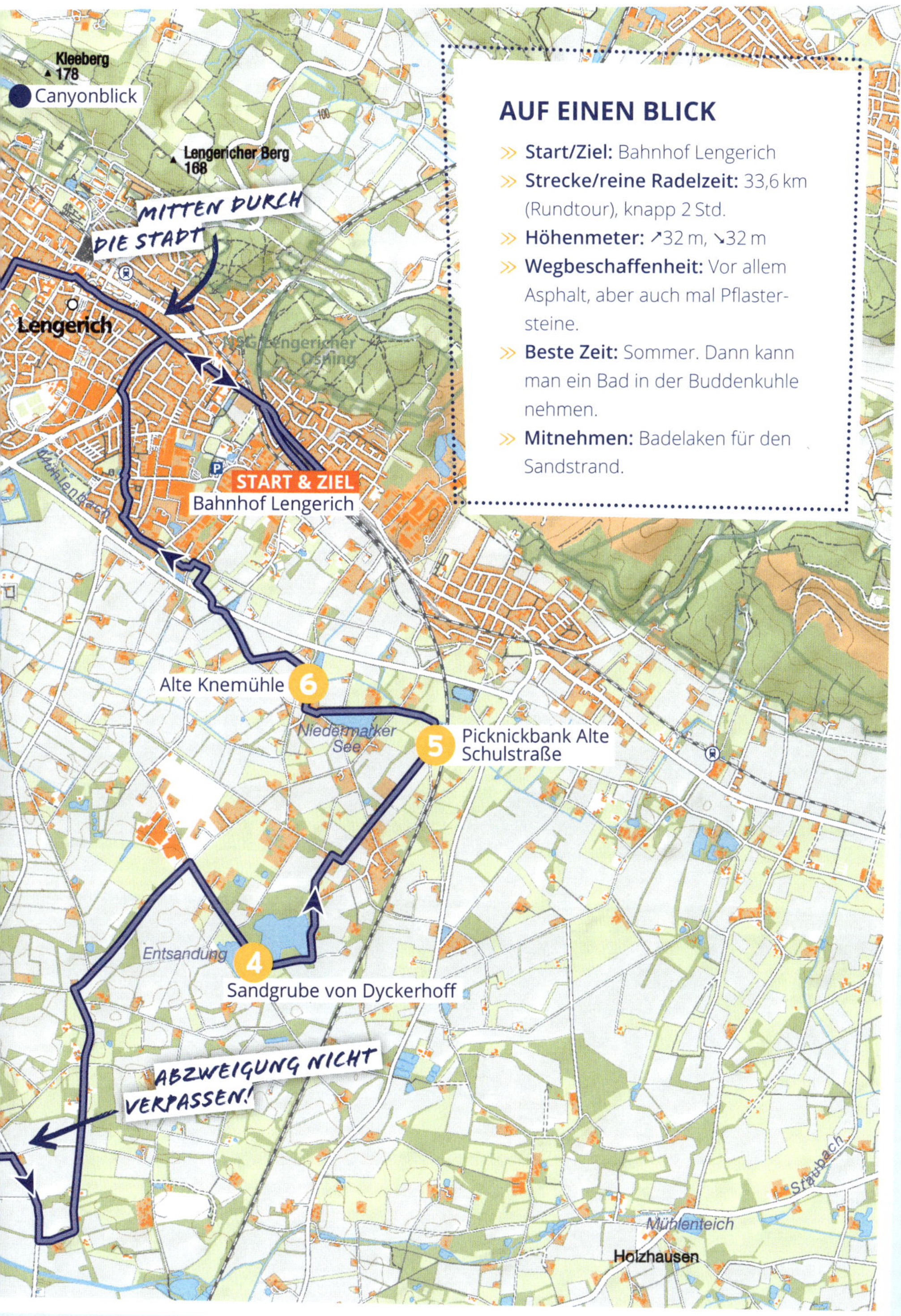
Kleeberg 178
Canyonblick
Lengericher Berg 168
MITTEN DURCH DIE STADT
Lengerich
NSG Lengericher Osning
Mühlenbach
START & ZIEL
Bahnhof Lengerich
Alte Knemühle
6
Niedermarker See
5
Picknickbank Alte Schulstraße
Entsandung
4
Sandgrube von Dyckerhoff
ABZWEIGUNG NICHT VERPASSEN!
Mühlenteich
Holzhausen
AUF EINEN BLICK
» Start/Ziel: Bahnhof Lengerich
» Strecke/reine Radelzeit: 33,6 km (Rundtour), knapp 2 Std.
» Höhenmeter: ↗32 m, ↘32 m
» Wegbeschaffenheit: Vor allem Asphalt, aber auch mal Pflastersteine.
» Beste Zeit: Sommer. Dann kann man ein Bad in der Buddenkuhle nehmen.
» Mitnehmen: Badelaken für den Sandstrand.

DIE RADELPAUSEN

» START
Bahnhof Warendorf

KM 13,5
1 Wilde Bever beim Kloster Vinnenberg
Natur pur genießen

KM 22
2 Herrenhaus und Schloss Harkotten
Den besten Fotospot finden

KM 25
3 Spargelfelder rund um Füchtorf
Beim Wachsen und Ernten zuschauen

5 TOUR MIT SPARGEL-BEILAGE

Von Warendorf zum schicken Schloss Harkotten

Einsame Höfe, unzählige Spargelfelder, breite Wirtschaftswege, ein wilder Fluss und hochherrschaftliche Etappenziele: Das ist die Mischung dieser perfekten Landpartie. Dazu gibt es noch eine Besonderheit für Grenzgänger: Denn wo kann man sonst mit ein paar Schritten durch drei ehemalige Länder schreiten?

KM 27,9

4 Dreiländereck
Von Land zu Land hüpfen

KM 35,2

5 Feldmarksee
Abkühlen und Fitnessgeräte testen

KM 46,4

6 Warendorfer Marktplatz
Panini essen

KM 47,2 » ZIEL

Bahnhof Warendorf

IMMER RICHTUNG »WOW!«

Schon beim Start kann man sich auf das Ziel freuen: den wunderschönen Marktplatz der Stadt Warendorf. Kneipen, Cafés, eine Kirche und jede Menge Mittelalterhäuser, die dem Auge und der Seele guttun, begrüßen Radelbegeisterte, die vom Bahnhof aus den Fahrradhinweisschildern kreuz und quer durch die Altstadt folgen und schließlich am Knotenpunkt 57 den Einstieg erreicht haben.

NACH DER TOUR MIT EINEM KAFFEE IN DER HAND DIE SCHÖNEN HÄUSERGIEBEL AUF DEM MARKTPLATZ BETRACHTEN

Kaum liegt Warendorf hinter einem, geht es über herrlich leere Asphaltwege an gepflegten Wiesen, Alleen und Feldern vorbei. Ist man im Mai und Juni unterwegs, säumen unzählige Spargelreihen den Weg. Denn die Tour führt mitten durch bestes Spargelanbaugebiet: Die sandigen Böden zwischen Warendorf und Füchtorf sorgen dafür, dass es die Pflanzen bei Sonnenschein schnell warm haben – und Richtung Himmel wachsen.

Doch auch wenn die Fahrt über die landwirtschaftlich bewirtschafteten Flächen eher beruhigend als aufregend anmutet, liegen auch einige »Wow!«-Ziele auf der Strecke. Das Kloster Vinnenberg gehört ebenso dazu wie die edlen Anwesen oberhalb Fürchtorfs: Herrschaftshaus und Burg Harkotten strahlen das gediegene Selbstbewusstsein des Münsterlandes aus, in dem es einst hochherrschaftlich zuging.

Später kommt man an einem echten Freizeitparadies vorbei. Der Sassenberger Feldmarksee hat alles, was Badehungrige von einem perfekten Sommertag erwarten: Sandstrand, sauberes Wasser und einen schicken Kiosk mit Eisdiele. Bleibt die Sonne aus, genießt man die Ruhe am leeren Strand oder turnt sich an der Trimm-dich-Strecke mitten im Wald warm.

An der Ems entlang geht es am Ende der Tour über kleine Brücken und einen schmalen Schotterweg wieder zurück nach Warendorf. Dort beobachtet man ganz entspannt den Trubel auf dem Marktplatz, während man sich von der strammen (fast) 50-Kilometer-Runde erholt. «

Kleine Holzbrücken über den Seitenarmen der Ems

Der historische Marktplatz in Warendorf lädt zu einer längeren Pause nach der Tour ein

Rund um Warendorf dreht sich vieles um Pferde

RADELN & GENIEßEN

Bahnhof Warendorf

Immer den Hinweisschildern nach! Von Warendorf geht es über die Knotenpunkte 57, 14 und 62 zur Nummer 28. Dort Richtung Vinnenberg.

Die alte Wassermühle beim Kloster Vinnenberg ist ein beliebtes Ausflugsziel

KM 13,5

1 Wilde Bever beim Kloster Vinnenberg

Natur pur genießen

Seit 800 Jahren ist das Kloster Vinnenberg (kloster-vinnenberg.de) schon ein Ort der Besinnung und der Marienverehrung. Vor allem die idyllische Lage an der inzwischen renaturierten Bever, der alten Mühle und dem Gasthof Zum kühlen Grunde (zumkuehlengrunde-vinnenberg.de) machen es zum beliebten Ausflugsziel. Wenn das Restaurant geschlossen ist, kann man in der Nähe des Beverufers auf einer Picknickbank eine Pause machen. Vorher aber unbedingt die pure Natur genießen! Denn die inzwischen wieder wild dahinfließende Bever mutet fast schon an wie ein kleiner Mini-Amazonas. Vorsichtig näherkommen, stillstehen, dem Plätschern lauschen und den Anblick des üppigen Grases, der wuchernden Sträucher und der zahllosen Bienen und Insekten bewundern.

***Über den Knoten**punkt 86 in Füchtorf geht es zum Punkt 22 und zur Nummer 46. Hier fährt man zunächst Richtung Herrenhaus Harkotten, von dort dann wieder auf demselben Weg zurück Richtung Schloss Harkotten.*

KM 22

2 Herrenhaus und Schloss Harkotten
Den besten Fotospot finden

Plötzlich liegt es vor einem: das Herrenhaus Harkotten. Es gehört zur Doppelschlossanlage Harkotten, einer äußerst seltenen Bauform. Erwähnt wurde das Ensemble aus Herrenhaus und Schloss schon im 13. Jahrhundert, und seither wurde es immer wieder modernisiert und erneuert. Heute präsentiert sich das Herrenhaus im klassizistischen Stil und das Schloss als Barock-Anwesen. Während man im Garten des Herrenhauses flanieren kann, und es ein Museum und mit dem Wappensaal einen Gastronomiebetrieb gibt (eingeschränkte Öffnungszeiten auf www.harkotten.eu einsehen), ist das Schloss nicht frei zugänglich. Tipp: das Fahrrad kurz abstellen und den schmalen Pfad rechts vom Schloss nehmen. Dort locken schöne Fotomotive.

Weiter Richtung Knotenpunkt 73 fahren. Immer wieder kommen Spargelfelder oder -höfe in Sicht.

Barocke Schönheit: das Schloss Harkotten

Ist man von Mitte April bis zum 24. Juni unterwegs, ist die Spargelernte in vollem Gange

KM 25

3 Spargelfelder rund um Füchtorf
Beim Wachsen und Ernten zuschauen

Die Radtour führt mitten durch eines der besten Spargelanbaugebiete des Landes. Mit Folien bedeckte aufgeschüttete lange Reihen, davor Kistenstapel. Ist man frühmorgens oder am frühen Abend zwischen Warendorf und Füchtorf unterwegs, kann man vielleicht sogar bei der Ernte zuschauen. Vorausgesetzt natürlich, es ist Spargelzeit, also – je nach Wetterlage – von Mitte April bis zum 24. Juni. Die sandigen leichten Böden des Füchtorfer Spargels machen seinen besonderen Geschmack aus. Seit 1947 setzen die Füchtorfer Landwirte und Landwirtinnen deshalb auf das Königsgemüse. Der Ertrag kann sich sehen lassen: Aus dem Dorf mit 3500 Bewohner:innen stammen zehn Prozent des nordrhein-westfälischen Spargels. Unter www.fuechtorfer-spargel.de finden sich die Adressen der Hofläden, die das Gemüse frisch vom Feld verkaufen.

Am Knotenpunkt 73 liegt mitten im Wald der nächste Stopp: das Dreiländereck.

KM 27,9

4 Dreiländereck
Von Land zu Land hüpfen

Wo jetzt ein großer Findling ist, war einst dreifaches Grenzgebiet. Hier stießen im Mittelalter die Grafschaft Ravensberg, das Hochstift Münster und das Hochstift Osnabrück aufeinander. Und hier – im Schutz des Waldes – fanden Schmuggler und Diebe Unterschlupf und fette Beute von Reisenden. Heute überschreitet man problemlos die historischen Grenzen. Neben dem modernen Fahrradhinweisschild steht ein aus Holz gestalteter Wegweiser, der in altdeutscher Schrift auf die einstigen Länder hinweist. Eine kleine Runde Grenzhüpfen gefällig? Dann einmal kurz rund um das Schild laufen.

Ist man beim Knotenpunkt 40 angekommen, liegt dort schon der von Wald umgebene Feldmarksee.

Ein Grenzstein, der auf vergangene Territorien hinweist

Kurz mal die Schuhe ausziehen und den Kreislauf im Tretbecken in Schwung bringen

KM 35,2

5 Feldmarksee
Abkühlen und Fitnessgeräte testen

Der Kieferndufft rund um den Feldmarksee katapultiert einen direkt in den Urlaub, gerade so, als wäre man auf dem Weg zum Usedomer Ostseestrand. Dabei ist der See mit seinen 13 Hektar natürlich nicht wirklich mit einem Meer gleichzusetzen, aber: Es gibt Wasser und einen Sandstrand, und man kann sich Tretboote und Surfbretter ausleihen. Gastronomie und Eisdiele sind in einem Piratenschiff aus Holz untergebracht, Campingplätze und Wochenendhäuschen rahmen den See bei Sassenberg ein. Wer viel Zeit hat und im Sommer unterwegs ist, packt am besten Badekleidung ein und geht eine Runde schwimmen. Man kommt aber auch mit Wasser in Berührung, wenn man das Kneippsche Tretbecken ausprobiert, das etwas weiter hinten an der Route liegt. Oder man probiert eines der stabilen, im Wald verteilten Fitnessgeräte aus.

Über die Knotenpunkte 96, 11 und 20 geht es über Sassenberg entlang der Ems zurück in Warendorfs Altstadt.

KM 46,4

6 Warendorfer Marktplatz
Panini essen

Rund um den historischen Marktplatz Warendorfs warten zahlreiche Cafés und Restaurants auf Gäste. Bei gutem Wetter stehen draußen Tische und Stühle bereit und sorgen so für mediterranes Flair mitten im Münsterland. Wer den Blick über das turbulente Treiben schweifen lassen will, kann sich vor dem kleinen Bistro Daily One nahe der Kirche niederlassen und sich frisch gerösteten Kaffee, kühle Saftschorlen sowie Panini für den Hunger zwischendurch gönnen. Während man sich nun von der Tour erholt, sollte man seinen Blick nach oben richten. Dort entdeckt man die schönen Mittelaltergiebel der Häuser und einige historische Flaschenzüge.

Über die Fußgängerzone Richtung Bahnhof zunächst schieben, an der Straße dann wieder radeln.

Trinken, essen und entspannen

Bahnhof Warendorf

Bei gutem Wetter ist auf dem Warendorfer Marktplatz immer was los

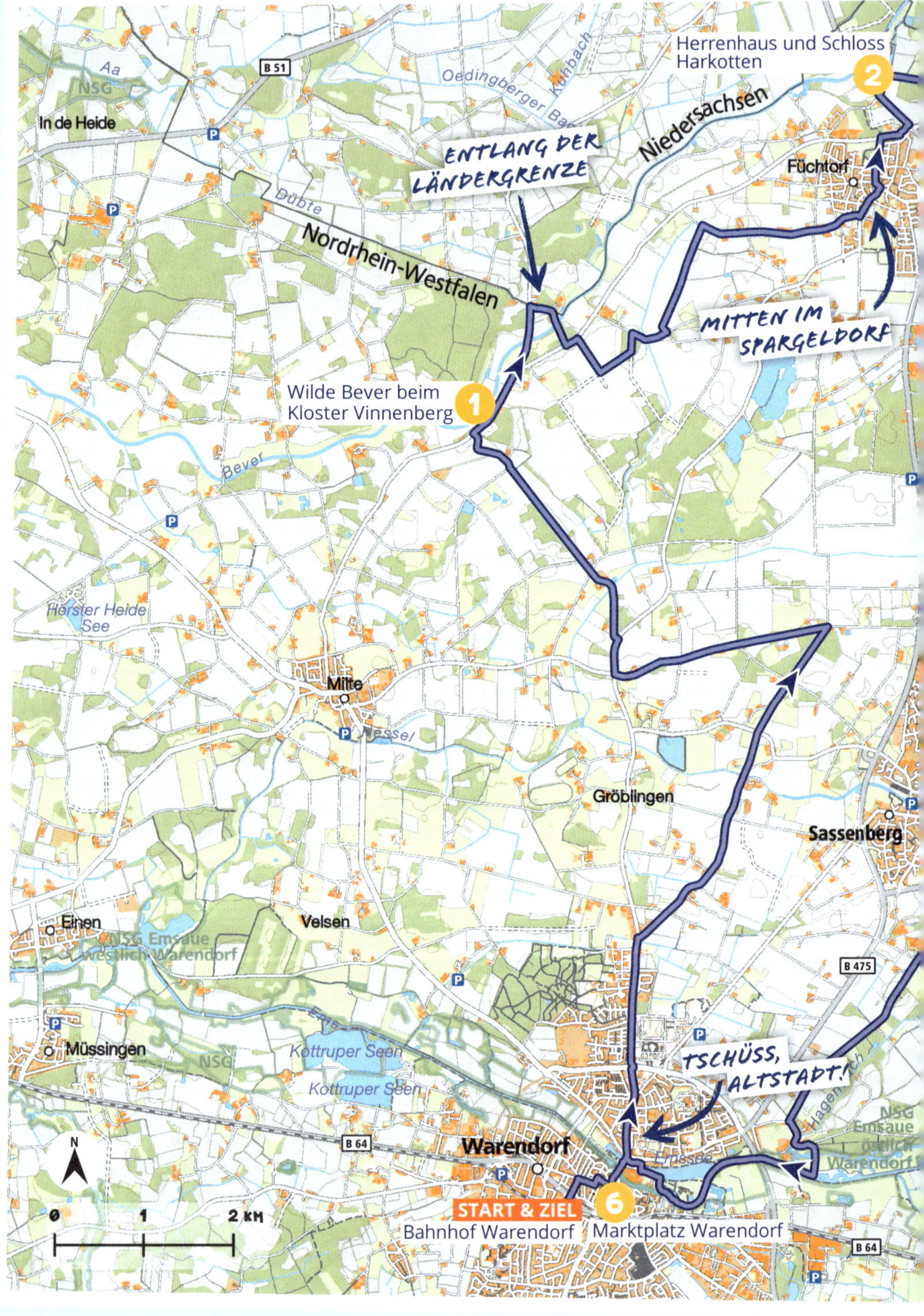
Herrenhaus und Schloss Harkotten
2
Niedersachsen
Füchtorf
ENTLANG DER LÄNDERGRENZE
Nordrhein-Westfalen
MITTEN IM SPARGELDORF
Wilde Bever beim Kloster Vinnenberg
1
In de Heide
Aa
NSG
B 51
Oedingberger Bach
Kühbach
Dübte
Bever
Hörster Heide See
Milte
Nessel
Gröblingen
Sassenberg
Einen
Velsen
NSG Emsaue westlich Warendorf
B 475
Ems
Müssingen
NSG
Kottruper Seen
Kottruper Seen
TSCHÜSS, ALTSTADT!
Hagenbach
NSG Emsaue östlich Warendorf
Emssee
B 64
Warendorf
N
0
1
2 KM
START & ZIEL
6
Bahnhof Warendorf
Marktplatz Warendorf
B 64

AUF EINEN BLICK

- **Start/Ziel:** Bahnhof Warendorf
- **Strecke/reine Radelzeit:** 47,2 km (Rundtour), 3 Std.
- **Höhenmeter:** ↗30 m, ↘30 m
- **Wegbeschaffenheit:** Asphalt, Kies, Pflaster – alles, worauf Räder gut rollen.
- **Beste Zeit:** Ganzjährig. Allerdings zwischen Mitte April und Juni dank der Spargelsaison besonders interessant.
- **Mitnehmen:** Badekleidung für den Feldmarksee. Picknickproviant und Wasser, denn es gibt kaum Einkehrmöglichkeiten auf der Strecke!

DIE RADELPAUSEN

» START
Bahnhof Haltern am See

KM 3,5
1 Bewegungspark am Westufer
Wasserfontäne herbeiwippen

KM 3,7
2 Liebesschlosszaun
Die Romantik in sich wecken

KM 7,9
3 Gaststätte Heimingshof
Kuchen oder Eis?

IMMER MIT AUSSICHT

6

Picknickplatztour rund um den Halterner und den Hullerner See

Eine kurze Tour, die aber sehr lange dauert. Der Uferweg rund um den Haltener Stausee und den daran angrenzenden Hullerner See bietet so viele schöne Pausenplätze, dass man einfach immer wieder anhalten und über das Wasser schauen muss. Wer noch nicht genug vom Radeln hat, macht im Anschluss noch die Römertour.

KM 10

4 Picknickplätze auf dem Uferkamm
Den Hullerner See von oben betrachten

KM 16,5

5 Westruper Heide
Über Sandwege gehen und lila sehen

KM 19

6 Sunset Beach Bar
Einen Sundowner genießen

KM 21 » ZIEL

Bahnhof Haltern am See

WIE EIN TAG URLAUB, ...

... so fühlt sich diese Radtour an. Die kurze Runde um den Halterner und den Hullerner See macht's möglich. Wer überprüfen will, welcher der beiden Seen der schönere ist, muss nicht viel Aufwand betreiben.

Vor dem Bahnhof findet sich schon das erste Hinweisschild zum Weg um die Seen. Man folgt einfach immer dem Schild H6. Und hält sich stets an folgende Weisheit: Liegen die Seen rechts, wird sich das bis zum Ende der Tour auch nicht mehr ändern. Nimmt man die andere Richtung, sind sie die ganze Zeit links.

UND DANN SIEHT MAN PLÖTZLICH NUR NOCH LILA BIS ZUM HORIZONT

Kaum kommt das Wasser in Sicht, beginnt auch schon der Schotterweg, der direkt am Ufer verläuft. Am Westufer tauchen Beachbars auf, dahinter ankern kleine Segeljollen. Hier geht's – wie eigentlich überall auf dem Rundweg – maritim zu. Und idyllisch. Weite Strecken radelt man unter Bäumen entlang, manchmal muss man über Sandwege schieben oder einfach anhalten, weil die Aussicht gerade so herrlich ist.

Ein toller Picknickplatz reiht sich an den nächsten. Wenn man sich dabei ertappt, dass man schon zum zehnten Mal denkt: »Da müsste man mal Pause machen«, ist man auf dem richtigen Weg. Mal schaut man von oben auf das Wasser, mal ist man auf Augenhöhe mit dem gegenüberliegenden Ufer, mal sitzt man unter Baumkronen. Also nicht das ganze mitgebrachte Picknick gleich am Anfang aufessen – Gelegenheiten für kleine Zwischensnacks gibt es genug.

Auf der anderen Seite der Seen ist der Uferweg nicht mehr so schön, weil er entlang der Straße verläuft, dafür erstreckt sich dort die Westruper Heide, die im August und September lila blüht. Außerdem kommt man direkt zum Strandbad. Hier kann man im Sommer gleich mehrere Dinge tun, die man sonst meist nur aus dem Urlaub kennt: eine Weile im Strandkorb sitzen, baden und am Schluss noch in der Beachbar chillen.

Wer lieber weiterradeln statt sich ausruhen möchte, hängt noch die Römertour (18 Kilometer) an. Einfach ab dem Bahnhof den H3-Schildern folgen. «

Typisch Münsterland: Am Wegesrand findet man kleine Kapellen oder Bildstöcke

Pause mit Aussicht auf den Halterner See

Blick auf ein kleines Wehr an der Stever

RADELN & GENIEẞEN

START

Bahnhof Haltern am See

Direkt vor dem Bahnhof findet man die Hinweisschilder zu verschiedenen Haltern-Routen. Ab jetzt immer nur dem blauen Schild mit der Bezeichnung H6 folgen. Zunächst geht es kurz an den Bahnschienen entlang, dann ist man bald schon an den Seen. Hier links halten.

Mit diesem Hinweisschild ist klar: Schloss anbringen ist erlaubt!

Ein bisschen hin- und herwippen macht Spaß und aktiviert eine Wasserfontäne

KM 3,5

1

Bewegungspark am Westufer

Wasserfontäne herbeiwippen

Eigentlich schade, dass man schon nach so kurzer Zeit die Cafés an der Strandallee des Halterner Sees erreicht. Für eine Pause ist es fast noch zu früh. Stattdessen lohnt sich aber ein kleiner Aktivierungsstopp auf dem Spielplatz für Alt und Jung an der gegenüberliegenden Straßenseite vor einem Tümpel. Der Untergrund besteht aus Holzbohlen. Besonders Spaß macht die Ein-Personen-Wippe, mit der man durch Hin-und-Her-Bewegung eine Wasserfontäne in die Luft schießen lassen kann. Wer sich richtig anstrengt, gönnt sich dann ja vielleicht doch noch ein frühes Pausengetränk in der Kajüte (www.rossini-haltern.de/de/kajuete) oder in der Stadtmühle (stadtmuehle-haltern.de/ausflugsziel.html).

Weiter geht es immer den H6-Schildern nach. An einer Pausenbank mit schönem Ausblick fällt schon nach kurzer Wegstrecke ein schmuckloser Zaun mit Schlössern ins Auge.

Hier ist noch reichlich Platz für das eigene Liebesschloss

KM 3,7

2 Liebesschlosszaun
Die Romantik in sich wecken

Ein schwarzes Herz auf weißem Grund, darin ein kleines Schloss. Dieses Hinweisschild an dem schlichten Zaun sagt allen: Ja, hier dürfen Liebesschlösser aufgehängt werden! Also warum nicht einfach ein kleines Schloss einpacken und den Lieblingsmenschen damit überraschen? Vielleicht radelt sie oder er ja gerade wieder einmal neben einem. Dem kargen Bauzaun stehen die bunten Beweise der Liebe optisch durchaus gut, Platz ist auch noch vorhanden – und man kann im Anschluss an diese romantische Geste noch den Aussichtspunkt besuchen und einfach ein bisschen über den See schauen. Seite an Seite.

Entlang der Stever geht es durch Wald und an herrlichen kleinen Ausblicken auf den Fluss vorbei weiter Richtung Hullerner See. Wer eine kleine Stärkung braucht, verlässt kurz den H6-Weg und quert rechts die Stever. Dort im Wald liegt nach etwa 100 Metern das Ausflugslokal Heimingshof.

KM 7,9

3 Gaststätte Heimingshof
Kuchen oder Eis?

Ein ganz normaler Biergarten unter Bäumen – nicht mehr, aber eben auch nicht weniger erwartet einen, wenn man die Gaststätte Heimingshof (heimingshof.de) ansteuert. An heißen Tagen ein idealer Platz zum Rasten, denn es gibt viele Schattenplätze und eine Eiskarte. Außerdem kann man nach Kuchen fragen. Auch wenn dieser nicht offensiv in der Karte angeboten wird, gibt es immer etwas Tagesaktuelles für den süßen Hunger. Dazu sind natürlich die Klassiker wie Schnitzel, Pommes und ein großes Radler zu haben. Die Tische und Stühle stehen nicht zu eng, man kann also ganz entspannt die Füße ausstrecken.

Es geht zurück auf den H6-Weg. Erst noch einen Blick auf die kleine Talssperre Hullern werfen, dann rechts halten. Auf dem Uferkamm zum Hullerner See passiert man sehr viele Picknickplätze.

Ist es heiß, hilft oft nur ein Eis

Fast wie eine andere Welt: die Westruper Heide

KM 16,5

5 Westruper Heide
Über Sandwege gehen und lila sehen

Wie in einer anderen Welt ist es hier. Gerade noch hat man sich vielleicht geärgert, dass die Radtour entlang einer viel befahrenen Straße verläuft, doch schon ist man gefangen von der scheinbar endlosen Heidelandschaft. Dabei trügt der Schein. Die Westruper Heide ist »nur« 90 Hektar groß. Ist man zur Blütezeit der Heide auf den zahlreichen Sandwegen unterwegs, breitet sich die Farbe Lila allerdings bis zum Horizont aus. Als Faustregel kann man sich übrigens Folgendes merken: Die Heide blüht zwischen dem 8. 8. und dem 9. 9. Doch selbst wenn man außerhalb der Saison herkommt, sorgen neben der Heide auch die Dünenlandschaft und die knorrigen Wacholderbäume für eine ganz besondere Atmosphäre.

Weiter auf dem H6-Weg entlang der Straße, vorbei an einem Kletterwald und Jupps Biergarten. Rechts im Wald geht es dann zum Strandbad Haltern. Dort liegt auch die Sunset Beach Bar.

KM 10

4 Picknickplätze auf dem Uferkamm
Den Hullerner See von oben betrachten

Das Schwierigste an dieser entspannten Seetour ist die Dauerfrage nach dem besten Picknickplatz. Es gibt nämlich nicht den einen Platz – dafür sind es einfach zu viele. Alle liegen am Ufer, oft unter Bäumen, haben meistens Tisch und Bänke, und die Aussicht ist immer ein Traum. Deshalb der Tipp: genug kleine Köstlichkeiten für mehrere kleine Stopps einpacken. Denn man möchte eigentlich dauernd sein Rad abstellen, sich direkt ans Ufer setzen und die Umgebung genießen. Entscheidet man sich für einen der Plätze am Nordufer des Hullerner Sees, die sich auf einem bewaldeten Uferkamm verteilen, macht man nichts falsch. Wer sich hier niederlässt, blickt von oben herab auf den See.

***Über eine Brücke quert man den** Hullerner Stausee und fährt zum Teil an der Straße entlang zurück Richtung Halterner See. Wenn der Flaesheiner Damm die Straße kreuzt, sind es noch 100 Meter weiter geradeaus, bis man links die Westruper Heide erreicht.*

Jeder Pausenplatz bietet eine herrliche Aussicht auf den See

Zum Tourabschluss noch ein bisschen chillen

KM 19

Sunset Beach Bar

Einen Sundowner genießen

Sie liegt direkt am Strandbad mit idealer Ausrichtung zum Sonnenuntergang: die Sunset Beach Bar (sunset-beach-bar.de) mit Chillout-Lounges, Sitzmöbeln in Plankenoptik und einer Bar, an der man Getränke abholt. Bestellt man etwas zu essen (wie die leckeren Panini), bekommt man einen Pieper in die Hand gedrückt, der anzeigt, wenn das Gewünschte abholbereit ist. Hier kann man sehr gut ganz in Ruhe einen Aperol Spritz trinken und ihn von der untergehenden Sonne ausleuchten lassen. Nebenan befindet sich übrigens nicht nur das Strandbad, das mit seinen Strandkörben sehr maritim anmutet, sondern auch ein Festivalstrand für das sommerliche Sunset Beach Festival.

Jetzt ist es nicht mehr weit zurück zum Bahnhof. Einfach den Hinweisschildern weiter folgen.

EXTRA INFOS:

Fahrräder kann man bequem in der ● **Radstation** direkt rechts neben dem Bahnhofsgebäude in Haltern für wenig Geld ausleihen. Räder ohne Motorkraft müssen nicht einmal reserviert werden. Wer lieber ein E-Bike möchte, sollte sich vorher melden (radstation@caritas-jw.de).

Für die **Römertour** folgt man vom Bahnhof Haltern der Ausschilderung H3. Zunächst geht es durch das Römerviertel, das nahe dem LWL-Römermuseum liegt und durch die Straßennamen an die römischen Legionen erinnert, die hier eines ihrer größten Militärlager auf ihrem Eroberungszug nach Germanien errichtet hatten. Die Route führt weiter durch die hügelige Hohe Mark, wo man immer wieder tolle Ausblicke auf die umliegende Landschaft genießen kann. Vorbei an seltsam verwachsenen Süntelbuchen (Hexenbuchen) geht es durch das Waldgebiet Sundern über die Ortschaft Hennewig zurück zur Stadtmitte.

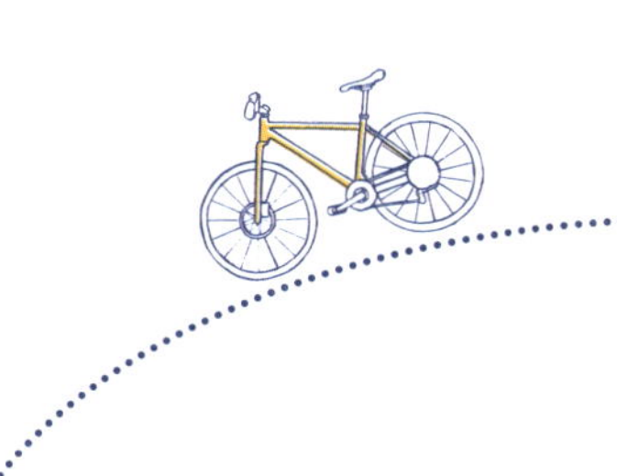

KM 21 » ZIEL

Bahnhof Haltern am See

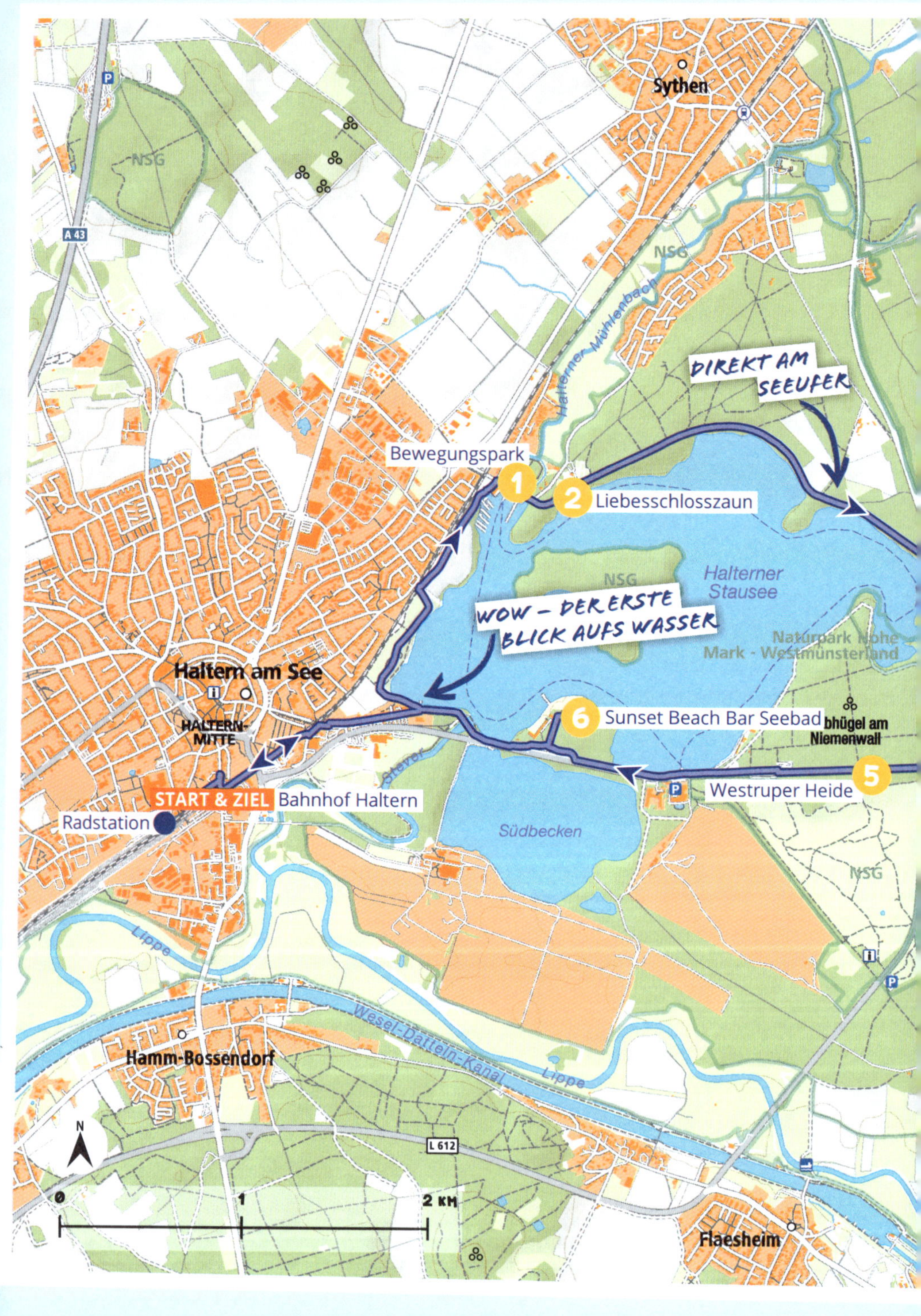

Sythen
NSG
A 43
Halterner Mühlenbach
DIREKT AM SEEUFER
Bewegungspark
1
2
Liebesschlosszaun
Halterner Stausee
WOW – DER ERSTE BLICK AUFS WASSER
Naturpark Hohe Mark - Westmünsterland
Haltern am See
HALTERN-MITTE
6
Sunset Beach Bar Seebad
bhügel am Niemenwall
START & ZIEL
Bahnhof Haltern
Radstation
Westruper Heide
5
Stever
Südbecken
Lippe
Wesel-Datteln-Kanal
Hamm-Bossendorf
L 612
N
0
1
2 KM
Flaesheim

AUF EINEN BLICK

- **Start/Ziel:** Bahnhof Haltern am See
- **Strecke/reine Radelzeit:** 21 km (Rundtour um die Seen) plus ggf. Römertour 18 km (H3), 1 Std. 15 oder 2 Std. 30.
- **Höhenmeter:** ↗16 m, ↘16 m
- **Wegbeschaffenheit:** Viele Schotterwege, die sehr gut befahrbar sind. Auf der Römertour überwiegend Asphalt.
- **Beste Zeit:** Im Sommer, am besten zwischen dem 8. August und 9. September, wenn die Heide blüht.
- **Mitnehmen:** Kleines Schloss und viele Knabbereien.

DIE RADELPAUSEN

» START

Bahnhof Capelle (Nordkirchen)

KM 1,6

1 Capelle

Eine bedächtige kleine Runde drehen

KM 8

2 Schloss Nordkirchen

Erst mal ein Tässchen Tee trinken

KM 8,7

3 Wald hinterm Schloss

Dem Naturlehrpfad folgen

Zwischen den Schlössern Nordkirchen und Westerwinkel

Über einsame Feldwege geht es auf dieser Schlösserachsen-Route durch schattige Wälder, an Feldern, Wiesen und gepflegten Höfen vorbei. Und natürlich am prächtiges Barockschloss Nordkirchen, das aus gutem Grund Westfalens Versailles genannt wird.

KM 23,3

5 Schloss Westerwinkel

Pause auf einer der Schlossgraben-Brücken

KM 13,9

4 Verkaufsstände am Straßenrand

Marmelade für den guten Zweck

KM 25 » ZIEL

Bahnhof Capelle (Nordkirchen)

DIE ABWECHSLUNGSREICHE

Eine Radtour, die wie im Flug vergeht. Denn der Weg, der am kleinen Bahnhof Capelle nahe des gleichnamigen Nordkirchener Ortsteiles startet, ist einfach nie langweilig. Verläuft er mal direkt neben einer Autostraße, ist das nicht von langer Dauer. Immer wieder biegt man links oder rechts ab, Wegbeschaffenheit und Landschaft wechseln ständig. Mal rollt man über neue Radwege von Ort zu Ort, dann über breite Feldwege entlang schöner Weizenfelder, über geschotterte Waldwege und vorbei an Wildwiesen, auf denen im Hochsommer der Klee blüht und duftet.

Dass auf der sogenannten Schlösserachse mit Schloss Nordkirchen auch das beeindruckendste Barockensemble des Münsterlandes liegt und schon kurz danach das etwas rustikalere, aber nicht minder faszinierende Schloss Westerwinkel folgt, macht die Tour nur noch interessanter.

SCHLOSS NORDKIRCHEN TAUCHT WIE EINE FATA MORGANA DIREKT HINTERM ORTSEINGANGSSCHILD AUF

Gerade die Gegensätze sind es, die den Ausflug so reizvoll gestalten. In einem Moment radelt man durch einen Wald, da eröffnet sich im nächsten schon ganz unerwartet der Blick auf das Barockschloss.

Unterwegs werden in Hofläden Eier von eigenen Hühnern, Äpfel, die gerade erst gepflückt wurden, oder Marmelade für den guten Zweck verkauft. Die Anzahl schöner Picknickplätze ist riesig. Mal verstecken sich Sitzmöglichkeiten hinter einer Hecke, dann wieder findet man welche neben einer verlassenen kleinen Scheune oder neben einem der vielen Bildstöcke, die – typisch Münsterland – an zahlreichen Höfen stehen.

Auch wenn die Tour entspannt zu radeln ist und es kaum Höhenunterschiede gibt, blickt man immer wieder über eine sanfte Hügellandschaft voller Weizen, Gras oder Mais.

Mit 26 Kilometern ist die Schlösserachse eher eine kurze Runde, aber bei der Zeitplanung sollte man sich nicht verschätzen. Am Schloss Nordkirchen bietet sich beispielsweise ein großer Spaziergang durch die Parkanlage und rund um die Gebäude an, und im Schloss Westerwinkel kann man ebenfalls die Gebäude aus dem 17. Jahrhundert umrunden und sich auf eine Reise in die Vergangenheit begeben. «

Ohne Zwischenhändler: Obst frisch vom Baum

Schattige Schotterwege liegen oft zwischen Feld und Bäumen

Uriges Nebengebäude am Schloss Westerkappeln

RADELN & GENIEßEN

START
Bahnhof Capelle (Nordkirchen)

Die Schlösserachse wird auch – etwas bescheidener – Pättkestour 5 genannt. Also immer auf die hellblauen Schilder mit der 5 achten. Vom außerhalb gelegenen Bahnhof Capelle geht es erst einmal über die Bahnhofstraße in den kleinen Ort.

KM 1,6

Capelle

Eine bedächtige kleine Runde drehen

Gleich am Ortseingang von Capelle liegt ein hübscher Dorfpark mit Wasserspiel, Holzbrücke und einem Pavillon, der vor Sonne und Regen schützt. Capelle ist einer der drei Ortsteile Nordkirchens. Durch die Lage direkt an der Schlösserachse und den benachbarten Bahnhof ist das kleine Dorf ziemlich bekannt. Im Ortskern wartet die denkmalgeschützte St.-Dionysius-Kirche darauf, umrundet zu werden. Hübsch ist auch das Heimathaus, vor dem im Sommer eine Dame aus Beton auf der Bank sitzt und sich geduldig für ein Selfie zur Verfügung stellt. Ein Törchen führt in den gepflegten Garten.

Weiter den Pättkestour-5-Schildern folgen. Kaum ist man im Schatten des Hirschparks geradelt, öffnet sich direkt nach dem Ortseingangsschild Nordkirchen der Blick auf das Wasserschloss Nordkirchen.

Die St.-Dionysius-Kirche des kleinen Örtchens Capelle

Ein Schloss zum Innehalten: Nordkirchen

Idealer Platz für ein Selfie als Fledermaus

KM 8

2 Schloss Nordkirchen

Erst mal ein Tässchen Tee trinken

Der Anblick überrascht und beeindruckt. Da steht im beschaulichen Nordkirchen doch tatsächlich ein richtig schickes Schloss (www.schloss.nordkirchen.net). So schick, dass es im Hollywoodfilm »Spencer« die Rolle des englischen Sandringham House übernahm. In dem Film wird geschildert, wie Lady Di – gespielt von Kristen Stewart – dort dramatische Tage erlebte. Grund genug also, in guter britischer Tradition ein Tässchen Tee zu trinken und das Versailles Westfalens zu bestaunen. Danach sollte man unbedingt noch einen Spaziergang machen, um die Weitläufigkeit des Gartens und der Parkanlage rund um das Barockensemble zu genießen.

Die Schlösserachsen-Tour geht direkt hinterm Schloss weiter auf der Pättkesroute 5 und führt in den Tiergarten.

KM 8,7

3 Wald hinterm Schloss

Dem Naturlehrpfad folgen

Der Wald hinter dem Schloss bietet ein paar nette Gelegenheiten für Fotos und die Erweiterung des eigenen Wissens. Gleich nach dem Eingang steht rechts eine Fledermausbank, auf der man sich mit Fledermausflügeln fotografieren lassen kann. Daneben erfährt man dank einer Informationstafel mehr über die Jäger der Nacht. Entlang der weiteren Strecke verteilen sich rechts und links Mitmach- und Infotafeln eines Naturlehrpfads. Hier wird das Wissen in puncto heimische Jagd, Tiere, Bäume und Natur aufgefrischt. Spuren erkennen, Bäume zuordnen oder durch ein Waldfernglas schauen – es gibt jede Menge zu erkunden.

Weiter auf gut ausgeschilderten Wegen mit der Nummer 5 Richtung Herbern. Am Straßenrand findet man viele Verkaufsstände. Am Brotacker 13 kann man Marmelade für den guten Zweck kaufen.

Ein Pfeil weist zum nächsten Verkaufsstand

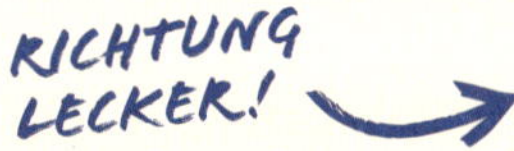

KM 13,9

4 Verkaufsstände am Straßenrand

Marmelade für den guten Zweck

Süßer Brotaufstrich für ein soziales Projekt

Frische Eier und Kartoffeln, gerade gepflückte Äpfel oder Pflaumen: Auf der Tour kommt man immer wieder an kleinen Verkaufsständen vorbei, die an den Einfahrten der Bauernhöfe Geerntetes oder Erzeugtes anbieten. Meist steht eine kleine Kasse daneben. Es sind Kleingeld und Vertrauen gefragt. EC-Karte oder Paypal? Keine Chance. Besonders bunt ist der Marmeladenstand am Brotacker 13. Hier gibt's Schwarze Johannisbeermarmelade, Holunderblütengelee oder einen süßen Brotaufstrich mit Erdbeer-Rhabarber-Geschmack. Die Deckel der in unterschiedlichen Farben schimmernden Gläser sind mit Stoffen oder Gehäkeltem verziert. Also: Hartgeld rausholen und ein besonders hübsches aussuchen! Die Einnahmen gehen an ein soziales Projekt nach Peru.

Auf der 5er-Route weiter durch Wald, über einen Golfplatz und durch einen englischen Garten zum Schloss Westerwinkel.

Das mächtige Schloss Westerkappeln ist von einem breiten Wassergraben umgeben

KM 25 » ZIEL

Bahnhof Capelle (Nordkirchen)

KM 23,3

5 Schloss Westerwinkel

Pause auf einer der Schlossgraben-Brücken

Kein Schloss gleicht dem anderen. Das gilt auch für das barocke Schloss Nordkirchen und das trutzige Schloss Westerwinkel. Bevor man Letzteres überhaupt sieht, radelt man an hübschen Wassergräben vorbei mitten durch einen englischen Garten. Dann plötzlich kommt die vierflügelige Anlage in Sicht. Umrundet man sie, bieten sich immer wieder neue Perspektiven. Will man das 350 Jahre alte Gemäuer in aller Ruhe auf sich wirken lassen, kann man sich zum Beispiel mit einer Käsestulle für eine Pause auf einer der Schlossgraben-Brücken niederlassen. Deftiges Essen passt zu dieser bodenständigen Burg so gut wie der englische Tee zum schicken Nordkirchenschloss zu Beginn der Tour.

Jetzt ist es nicht mehr weit bis zum Bahnhof Capelle. Auch hier folgt man der Pättkestour Nummer 5!

Wo ein Graben ist, ist auch eine Brücke, auf der man wunderbar picknicken kann

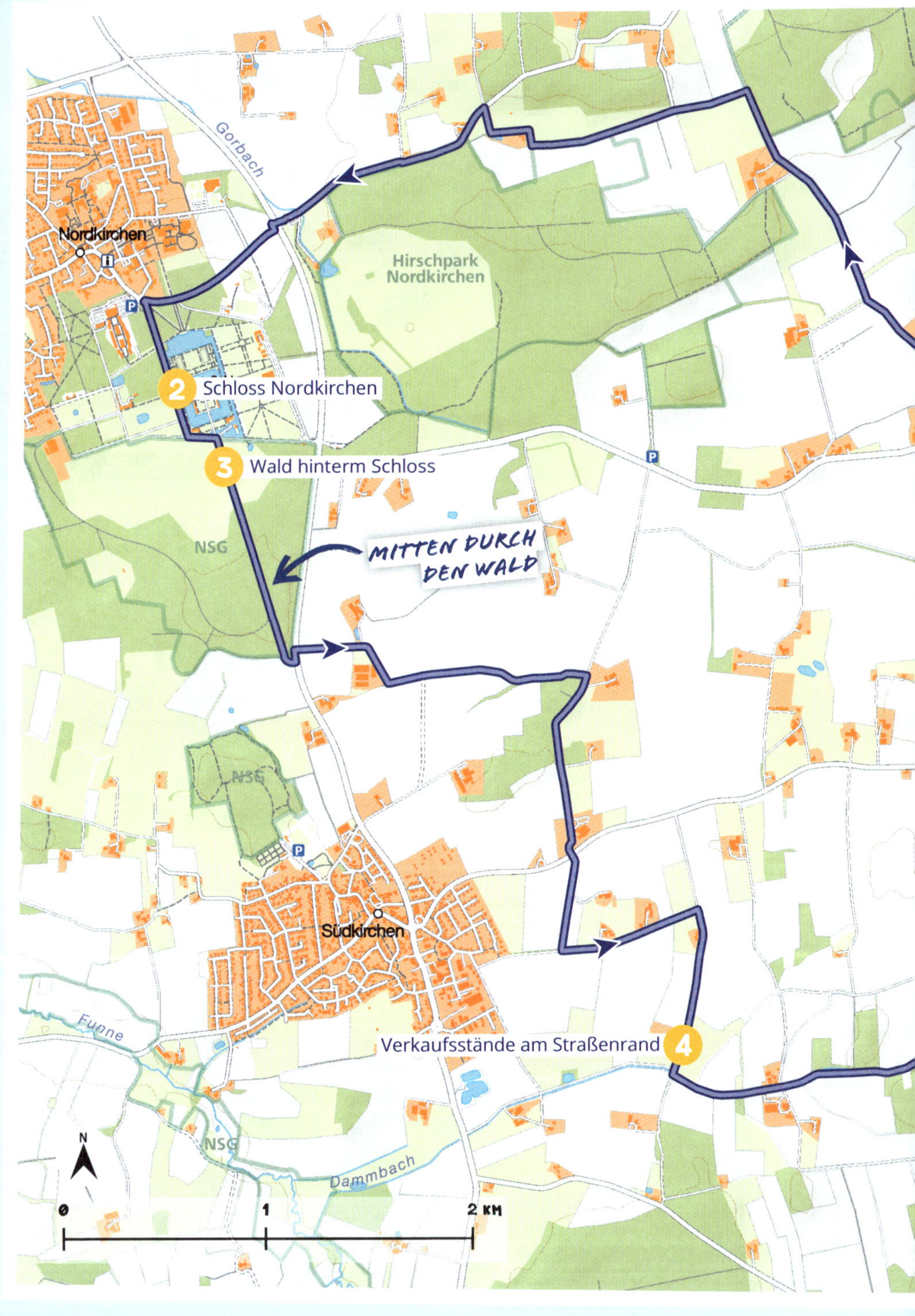

Gorbach
Nordkirchen
Hirschpark
Nordkirchen
2 Schloss Nordkirchen
3 Wald hinterm Schloss
NSG
MITTEN DURCH
DEN WALD
NSG
Südkirchen
Funne
Verkaufsstände am Straßenrand 4
NSG
Dammbach
N
0
1
2 KM

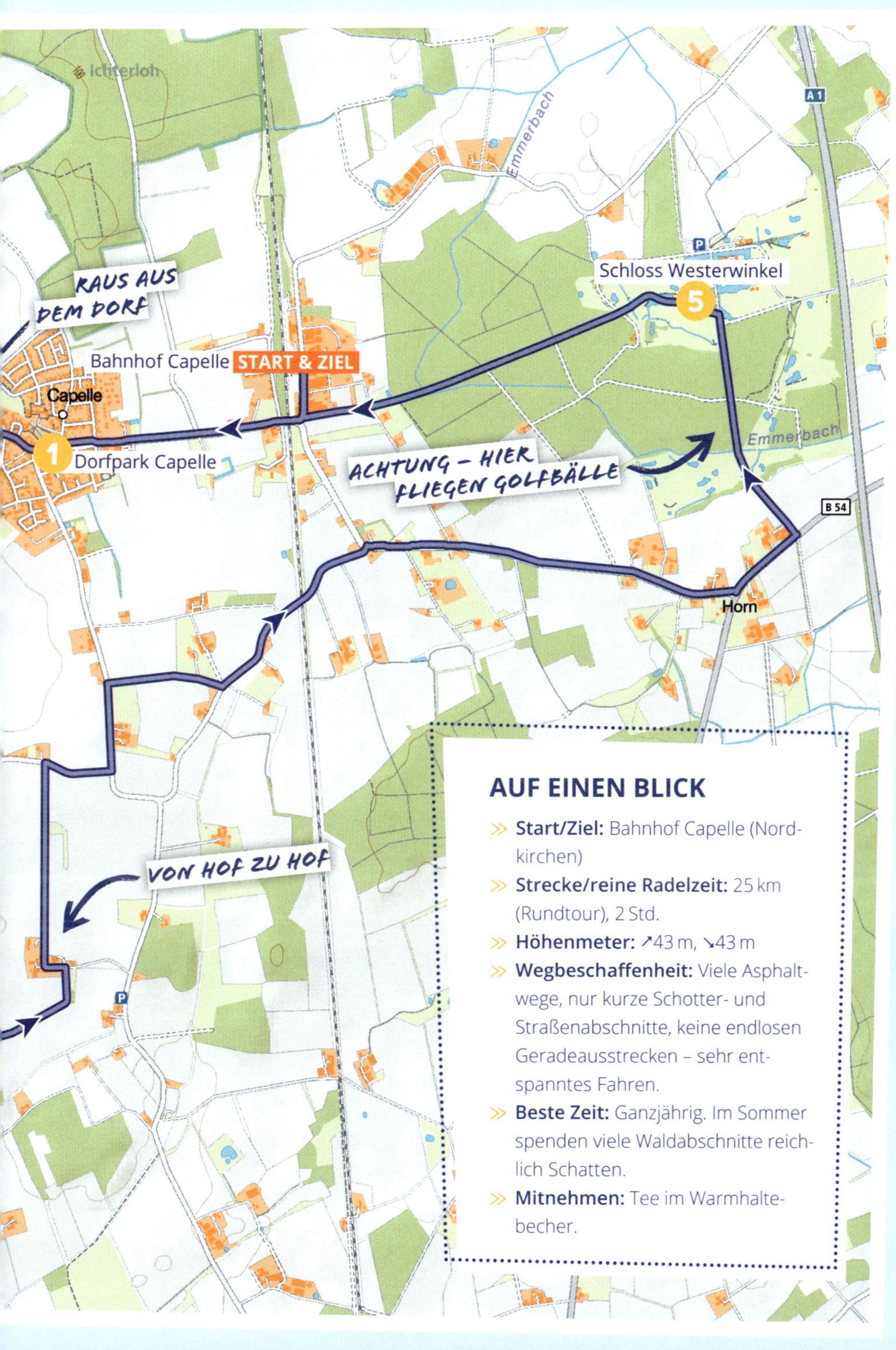

AUF EINEN BLICK

- **Start/Ziel:** Bahnhof Capelle (Nordkirchen)
- **Strecke/reine Radelzeit:** 25 km (Rundtour), 2 Std.
- **Höhenmeter:** ↗43 m, ↘43 m
- **Wegbeschaffenheit:** Viele Asphaltwege, nur kurze Schotter- und Straßenabschnitte, keine endlosen Geradeausstrecken – sehr entspanntes Fahren.
- **Beste Zeit:** Ganzjährig. Im Sommer spenden viele Waldabschnitte reichlich Schatten.
- **Mitnehmen:** Tee im Warmhaltebecher.

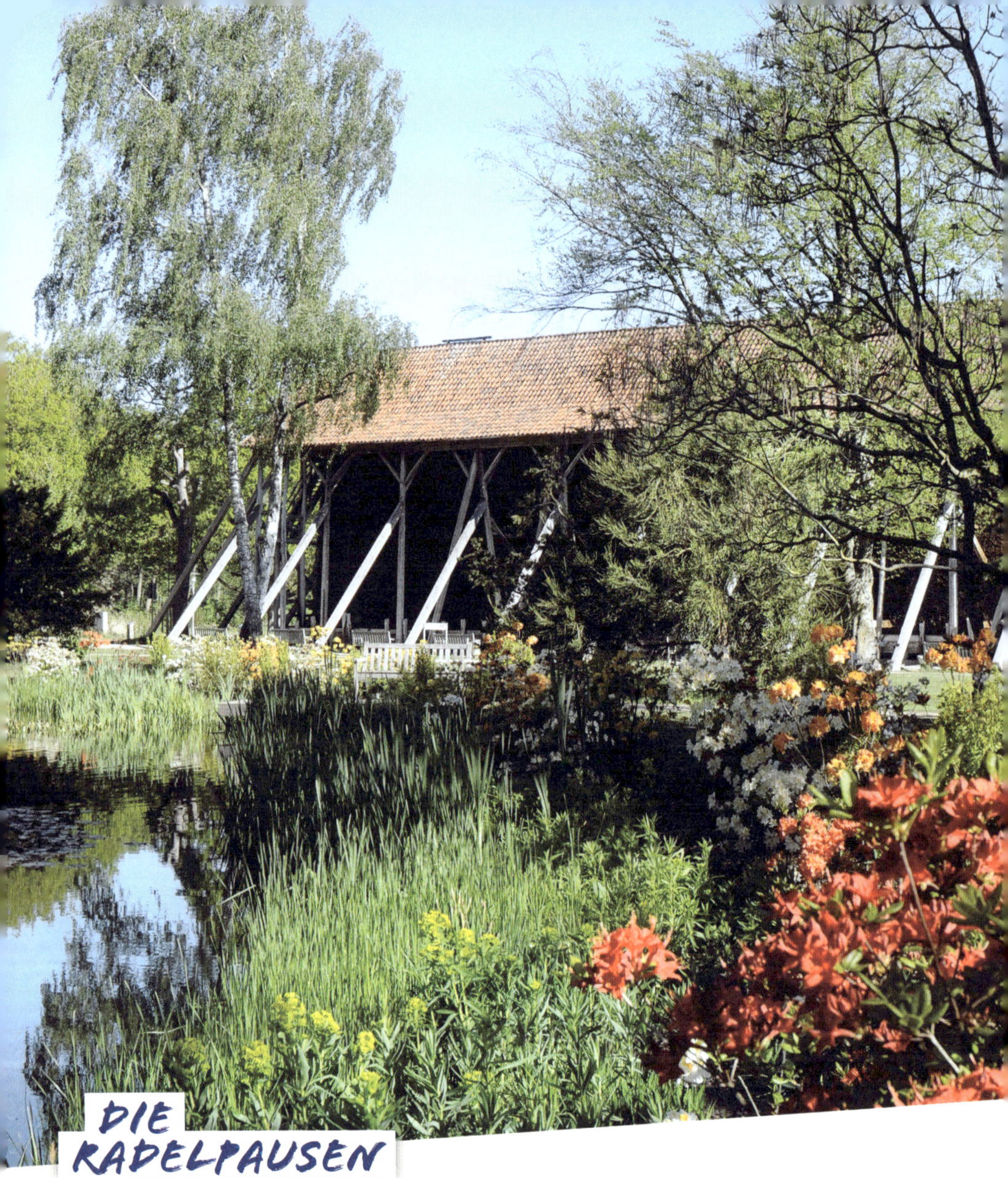

DIE RADELPAUSEN

» START
Bahnhof Emsdetten

KM 5
1 Mariengrotte Isendorf
Einen Moment still sein

KM 20,6
2 Salinenpark Rheine
Tief durchatmen

KM 21,1
3 Kloster Bentlage
Kulturbummel

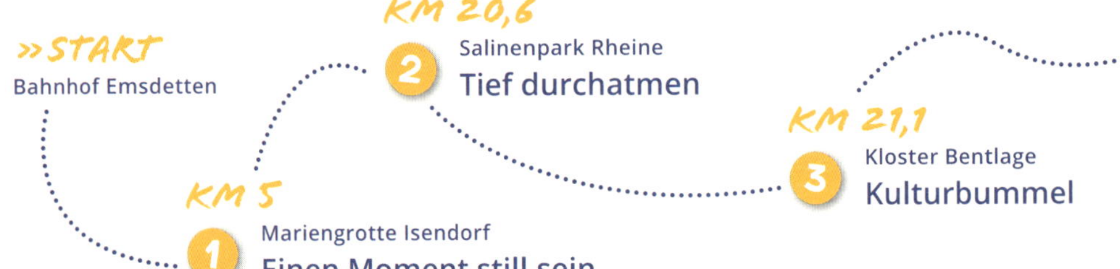

8

VIEL EMS MIT EINER PRISE SALZ

Von Emsdetten zum Salinenpark nach Rheine

Auch wenn man nicht immer direkt neben ihr fährt, diese Rundtour folgt dem Verlauf der Ems. Man radelt an Heidelandschaft vorbei, durch die Flussauen, durch Wälder und über Feldwege – bis man die salzige Luft rund um die Salinen in Rheine atmen kann.

KM 34

4 Bockholter Emsfähre
Barfuß über den Emsstrand gehen

KM 35

5 Emsradweg Stele 61
Picknicken an der Heidefläche

KM 35,6

6 Alte Sandförderanlage
Lost-Place-Atmosphäre einfangen

KM 42 » ZIEL

Bahnhof Emsdetten

EIN BISSCHEN WAS VON ALLEM …

… steckt in dieser Tour. Eine romantische Mariengrotte am Weg, eine einzigartige kleine Fähre am Sandufer der Ems und ganz viel frische, gesunde Salzluft. Doch bevor man sich entspannen darf, hat der liebe Gott als Herausforderung noch die Radwege direkt neben Bundesstraßen gelegt. So ähnlich könnte das Motto dieser Rundtour von Emsdetten über Rheine, Elte und zurück lauten.

Aber warum sich darüber ärgern, dass nicht alle Etappen gleichermaßen schön sind. Es ist nun mal so: Will man an einen besonders idyllischen Ort, sind nicht immer alle Wege, die dorthin oder von dort wegführen, gleichermaßen malerisch. Also: Nerven die Autos einmal auf einer kurzen Strecke, einfach weiterradeln und die Ruhe danach genießen. Davon gibt es reichlich.

NICHTS IST ENTSPANNTER, ALS BARFUSS AM SANDSTRAND DIE EMSFÄHRE ZU BEOBACHTEN

Meistens geht es nämlich über Feldwege, durch Wald, über Uferwege, Brücken oder durch einen wunderschön angelegten Park rund um die Saline Gottesgabe. Am Wegrand entdeckt man zudem alte, halb zerfallene Scheunen und die rostigen Überreste einer Sandförderanlage.

Die Tour verläuft zu einem großen Teil auf dem Emsradweg und dem Radweg historischer Stadtkerne. Grob gesagt radelt man von Emsdetten aus zunächst Richtung Mesum, dann durch Rheine hindurch bis zum Kloster Bentlage in der Nähe der Ems, das zu einem Spaziergang und einer Rast im schönen Biergarten einlädt. Zurück geht es, den Schlangenlinien der Ems folgend, über Elter Sand wieder nach Emsdetten.

Auch wenn der Weg sich an der Ems orientiert, richtig nahe kommt man ihr nicht immer. Umso schöner, wenn man doch einmal über eine Brücke radelt oder an ihrem Sandstrand eine Pause machen kann. Dann sollte man sie sich genau anschauen. Die Ems ist 371 Kilometer lang. Sie mündet bei Eemshaven in der Nordsee. Aber am wichtigsten: Vor allem an seinen renaturierten Abschnitten ist der Fluss eine echte Naturschönheit. «

START

Bahnhof Emsdetten

Dem Emsradweg Richtung Mesum folgen. Wenn man rechts nach Mesum abbiegen müsste, steht dort ein Hinweisschild zur Mariengrotte. Diesem geradeaus für einen Abstecher folgen.

Hier geht's lang zu einem ganz besonderen Ort der Stille

KM 5

1 Mariengrotte Isendorf

Einen Moment still sein

Ob man religiös ist oder nicht, ist bei diesem Abstecher zur Mariengrotte eigentlich egal: Denn der Ort, der in einem kleinen Wäldchen in der Nähe eines Bauernhofes geschaffen wurde, rührt in seiner schlichten, ehrlichen und einfachen Schönheit an. Ebenso wie die Geschichte, die dazugehört: Zwei jungen Männer fertigten die Marienstatue im Jahr 1943 aus einem schweren Eichenstamm, der eigentlich eine Ackerwalze werden sollte. Um die Pflege kümmert sich heute die Lehmkuhler Schützengesellschaft. Maria steht erhöht, auf den terrassenförmig angeordneten Beeten vor ihr wachsen bunte Blumenstauden, frische Schnittblumen leuchten in einer Vase. Wer hier zu Besuch ist, kann das Besondere an diesem Ort spüren. Man hält einen Moment inne und ist automatisch für eine Weile still.

Die Marienstaue aus Eichenholz steht leicht erhöht inmitten von Blumenbeeten

Hinter Mesum ist der Weg bis Rheine etwas straßenlastig (es geht entlang der B 481), dafür radelt man in Rheine dann neben der Ems bis zum Salinenpark.

KM 20,6

2 Salinenpark Rheine
Tief durchatmen

Hat man den Salinenpark in Rheine erreicht, kommt sofort das Wellnessgefühl. Die Anlage ist toll gestaltet, mit einem Tümpel, Pflanzenstauden, die in allen Farben leuchten, und einem Kneipp-Becken, in das man die Unterarme eintauchen kann, um den Kreislauf in Schwung zu bringen. Unübersehbarer Mittelpunkt des Parks ist die Saline mit dem beeindruckenden Beinamen »Gottesgabe«. So bezeichnete man früher das Salz, das hier gewonnen wurde und das sehr wertvoll war. Man sollte sich unbedingt eine Bank suchen und dem Wasser dabei zuschauen, wie es durch die Reisigwand tröpfelt. Nach einiger Zeit wird man das Salz auf den Lippen schmecken. Jetzt tief einatmen. Das tut gut!

Das Kloster Bentlage ist im Park ausgeschildert. Einfach den Hinweisen auf verschlungenen Wegen in den Bentlager Busch folgen.

Im Kloster Bentlage kann man Kunst und Kaffee genießen

KM 21,1

3 Kloster Bentlage
Kulturbummel

Aus dem ehemaligen Kreuzherrenkloster Bentlage von 1437 ist inzwischen ein Kunst- und Kulturzentrum und ein beliebtes Ausflugsziel geworden. Es liegt direkt an der Ems, deren Ufer über einen kleinen Pfad zu erreichen ist. Ein kurzer Spaziergang dort lohnt sich. Im Innenhof der Anlage finden regelmäßig Open-Air-Ausstellungen statt, die man bei einem Kulturbummel anschauen kann. Das Kloster beherbergt außerdem ein Museum mit historischen und modernen Kunstwerken, Werkstätten und Gästezimmern. Es wird Theater gespielt und musiziert. Am besten wirft man vor dem Besuch einen Blick in den klösterlichen Veranstaltungskalender unter www.kloster-bentlage.de. Ach ja, einen schönen Biergarten, in dem man Kaffee und Kuchen genießen kann, gibt's auch – und eine Aufladestation für E-Bikes.

Über die Schlösserroute geht es zunächst auf demselben Weg zurück durch Rheine, am Ortsrand von Rheine biegt man dann aber links auf den Emsradweg ab. Diesem am Naturschutzgebiet Elter Sand vorbei bis zum Gasthaus Bockholter Emsfähre folgen.

Im Salinenpark Rheine dreht sich alles um Salz

KM 34

Bockholter Emsfähre

Barfuß über den Emsstrand gehen

Egal, ob man Durst oder Hunger hat, ob man eine Pause machen möchte oder nicht: Am Gasthaus Bockholter Emsfähre (bockholter-emsfaehre.business.site) sollte man unbedingt anhalten. Dabei sind die Öffnungszeiten nebensächlich. Der Sandstrand, die vor Anker liegende kleine Fahrrad- und Fußgängerfähre, die Ems – dieser Ort ist einfach so, wie man sich den idealen Uferplatz an einem Fluss vorstellt. Wenn es das Wetter hergibt, kann man die Schuhe und Strümpfe ausziehen und ein bisschen barfuß über das sandige Ufer schreiten. So ist man dem Fluss, der auch durch sein sandiges Bett so einzigartig ist, noch ein bisschen näher. Wenn das Gasthaus geöffnet hat und der Fährmann das kleine Fährboot hin- und herbewegt, ist das noch ein zusätzlicher Bonus.

Weiter auf dem Emsradweg durch den Elter Sand. Links befindet sich die Stele 61 inmitten der Elter Dünen. Dort liegt ein Picknickplatz.

Wenn man Glück hat, ist die kleine Emsfähre gerade im Einsatz

Am Rande der Heide sitzt es sich besonders schön

KM 35

5

Emsradweg Stele 61

Picknicken an der Heidefläche

Eine Flasche Wasser sollte man bei jeder Radtour dabeihaben

Breitet man sein Picknick auf dem massiven Holztisch neben der Stele mit der Nummer 61 aus, hat man einen wunderschönen Essensplatz mit Aussicht. Denn es gibt Heide inmitten der Elter Dünenlandschaft zu sehen. Die Stele wurde aufgestellt, weil der ehemalige Emsauenweg zwischen Warendorf und Rheine damit auf Besonderheiten an der Strecke aufmerksam machen wollte: hier auf die Natur. Und so hat sich inzwischen zwar der Emsauenweg in »Emsradweg – Teilabschnitt Münsterland« (www.emsradweg.de) umbenannt, doch der Heidelandschaft war das egal. Wenn man zwischen August und September eine Pause einlegt, könnte es sein, dass sie gerade blüht.

Weiter über den Emsradweg Richtung Emsdetten durch das Gebiet Elter Sand. Im Waldabschnitt stehen die rostigen Überreste einer Sandförderanlage.

Das rostige Stahlgerüst mitten im Wald gehörte einst zu einer Sandförderanlage

KM 35,6

6

Alte Sandförderanlage

Lost-Place-Atmosphäre einfangen

Sie sind rostig, niemand braucht sie mehr, sie gehören nicht in den Wald – und doch faszinieren die Überreste der alten Sandförderanlage inmitten des grünen Idylls im Elter-Sand-Gebiet. Morbide wirken die Rohre und großen Trichterbehälter auf Stelzen. Gerade so, als wäre die Anlage Hals über Kopf verlassen worden. Die Überreste würden perfekt als Kulisse einer modernen Dystopie taugen. Oder aber als außergewöhnliches Fotomotiv auf dieser Radtour. Ein schöner Nebeneffekt, wenn man sein Fahrrad vor den aufragenden Kesseln knipst: Es wird garantiert nicht so rostig aussehen wie die seit Jahren stillgelegte Förderanlage.

Weiter den Hinweisschildern Richtung Emsdetten und später zum Bahnhof Emsdetten folgen.

KM 42 » ZIEL

Bahnhof Emsdetten

Die großen Trichter auf Stelzen eignen sich als außergewöhnliches Fotomotiv

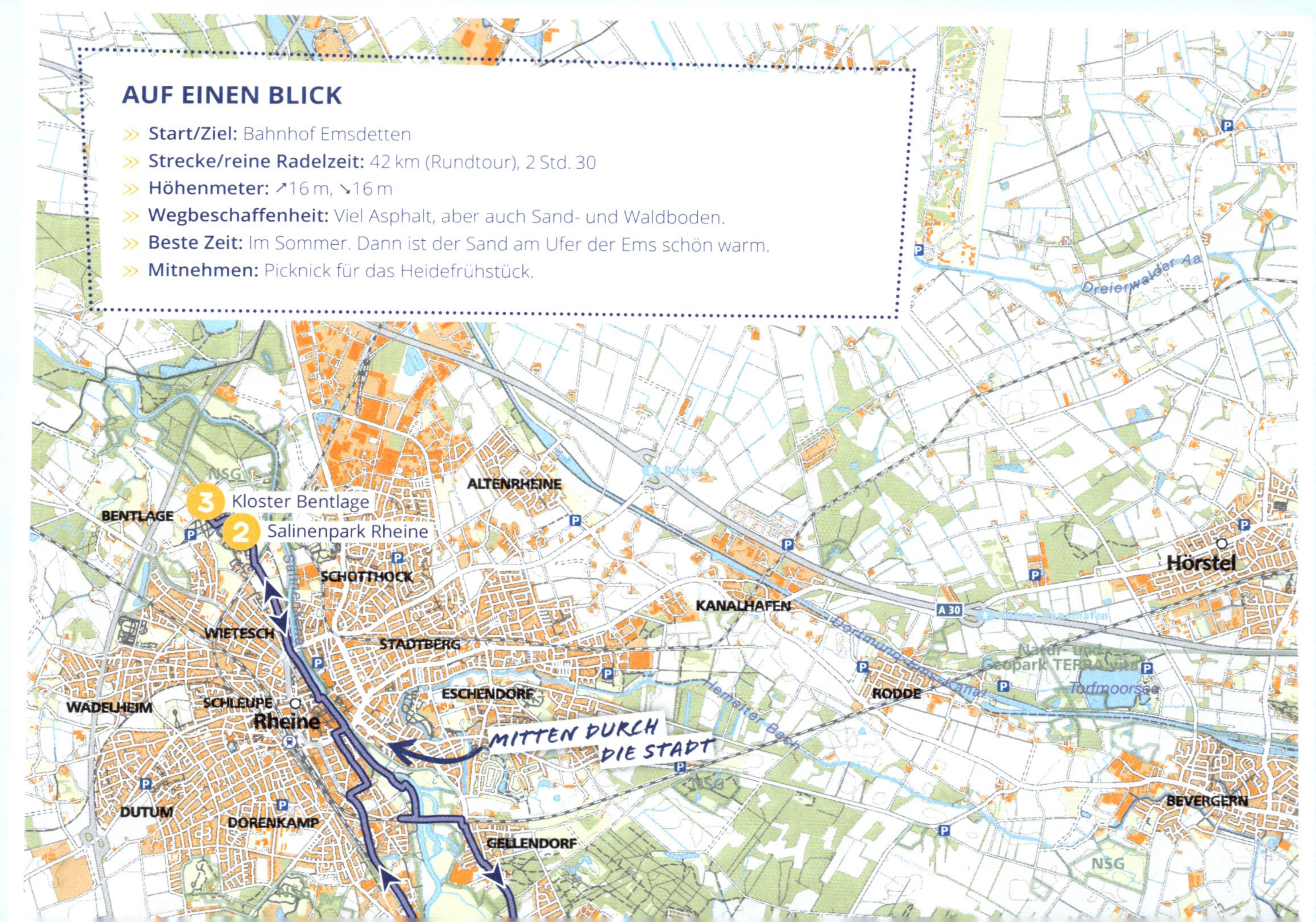
AUF EINEN BLICK
» Start/Ziel: Bahnhof Emsdetten
» Strecke/reine Radelzeit: 42 km (Rundtour), 2 Std. 30
» Höhenmeter: ↗16 m, ↘16 m
» Wegbeschaffenheit: Viel Asphalt, aber auch Sand- und Waldboden.
» Beste Zeit: Im Sommer. Dann ist der Sand am Ufer der Ems schön warm.
» Mitnehmen: Picknick für das Heidefrühstück.
3 Kloster Bentlage
2 Salinenpark Rheine
BENTLAGE
NSG
SCHOTTHOCK
ALTENRHEINE
WIETESCH
STADTBERG
WADELHEIM
SCHLEUPE
Rheine
ESCHENDORF
MITTEN DURCH DIE STADT
DUTUM
DORENKAMP
GELLENDORF
KANALHAFEN
A 30
Dortmund-Ems-Kanal
Hemelter Bach
RODDE
Torfmoorsee
Hörstel
Dreierwalder Aa
BEVERGERN
NSG

Schwanenburg
NSG Emsaue
Ems
B 70
Catenhorn
Elte
RICHTUNG NATUR
Feldkante
Schlattgraben
Hauenhorst
Mesum
NSG
Emsradweg Stele 61
4 Bockholter Emsfähre
5
6 Alte Sandförderanlage
ORTSTEIL-CHARME
Sankt Arnold
DER EMS SO NAH
B 481
Bischofsbach
NSG
1 Mariengrotte Isendorf
Hemelter See
Weißer Stein
Sinningen
B 475
Emsdettener Venn
N
Grafensteiner See
0
1
2 KM
START & ZIEL Bahnhof Emsdetten
Emsdetten
Ems
Wiesen am Max-Clemens-Kanal
Emsaue

DIE RADELPAUSEN

» START
Bahnhof Oelde

KM 7,2
1 Burgbühne Stromberg
Den theatralischen Ausblick genießen

KM 8,2
2 Aussichtsplattform Pflaumenpfad
Sehstärke testen

KM 10,7
3 Rittergut Haus Nottbeck
Picknick unter Obstbäumen

9

WO KLEINE FRÜCHTCHEN WACHSEN

Durch Stromberger Pflaumenplantagen zu alten Adelssitzen

Auf der Pflaumentour von Oelde über Stromberg und Rheda-Wiedenbrück geht es vorbei an alten Ritterburgen, hoch hinaus zu einem beeindruckenden Panoramablick übers Münsterland und mitten durch das geheimnisvolle Geisterholz.

KM 17,3

4 Rheda-Wiedenbrück

Fotoshooting mit Alltagsmenschen

KM 20,2

5 Schloss Rheda

Durch den Schlossgarten flanieren

KM 39

6 Geisterholz und Haus Geist

Sich eine Spukgeschichte ausdenken

KM 44 » ZIEL

Bahnhof Oelde

AUF PFLAUMENKURS

Was das Alte Land für den Apfel ist, ist Stromberg für die Pflaume. Doch der kleine Stadtteil von Oelde ist längst nicht so berühmt (und groß) wie die Apfellandschaft im Norden Deutschlands. Dabei gibt es – gerade für Radelbegeisterte – wirklich viel zu entdecken. Zum einen sind da die Pflaumenplantagen und die Hofläden, die allerlei Waren und Informationen rund um die Stromberger Frucht anbieten. Zum anderen ist der Weg herrlich abwechslungsreich.

NEBEN DER FREILICHTBÜHNE STROMBERG ÖFFNET SICH DER BLICK WEIT ÜBER DAS MÜNSTERLAND

Gleich hinter dem Ortsausgangsschild von Oelde geht es auf Schotter durch den Wald. Danach rollt man über glatt asphaltierte Feldwege mitten durch die Stromberger Pflaumenbaumplantagen. Im Frühling blüht der Raps, am Weg stehen auch uralte Apfel- und Kirschbäume, der Blick kann schweifen. Der Ort Stromberg mit seiner Freilichtbühne liegt auf der Strecke und ist – für Münsterländer Verhältnisse – fast schon ein Bergdorf. Also: Auch Ehrgeizige, die gern bergauf fahren, kommen auf ihre Kosten, doch Schieben ist keine Schande.

Was folgt, ist sehr viel Geschichte und sehr viel Mittelalter – und alles ist ganz leicht zu erkunden. Das ehemalige Rittergut Nottbeck, das verwunschene Wasserschloss Haus Geist und auch das Schloss Rheda – all diese ehrwürdigen Gemäuer tauchen wie selbstverständlich auf und passen damit ganz wunderbar in die unaufgeregte Münsterländer Parklandschaft.

Ebenso unaufgeregt geht es im Fachwerkstädtchen Rheda-Wiedenbrück zu. Der historische Marktplatz mit seinen Restaurants und Cafés, die Emsauen mit den Erholungswiesen rundum. Hier kann man sein Fahrrad ruhig für eine Weile abstellen und durch die Gassen schlendern.

Apropos Fahrrad abstellen: Das sollte man am Ende seiner Rundtour unbedingt noch einmal für eine ganze Weile tun. Der Vier-Jahreszeiten-Park ist toll für eine Pause und der perfekte Schlusspunkt für diese Tour mit Fruchtalarm und Mittelalterflair. «

Im Städtchen Rheda-Wiedenbrück gibt's viele Fachwerkhäuser

Na, welches Früchtchen wächst hier bald?

Emsidylle am Rande von Rheda-Wiedenbrück

RADELN & GENIEßEN

START
Bahnhof Oelde

Vom Bahnhof Oelde folgt man den Fahrradschildern (rotes Rad auf weißem Grund) Richtung Stromberg.

Im Sommer verwandelt sich der Platz vor der Kreuzkirche in eine Freilichtbühne

KM 7,2

1 Burgbühne Stromberg

Den theatralischen Ausblick genießen

Erst engt das Tor des trutzigen Paulusturms die Sicht ein wenig ein, doch radelt (oder schiebt) man hindurch, öffnet sich der Blick auf die mächtige Kreuzkirche. Links neben der Wallfahrtskirche befindet sich ein weiteres Tor in einer dicken Steinmauer – dort geht's lang! Dahinter hat man einen herrlichen Panoramablick über Hügel, Obstbaumwiesen und Felder. Wie gut, dass da eine Bank zum ausführlichen Gucken steht. Wer schon immer wissen wollte, wie sich Schauspieler:innen fühlen, könnte sich danach probehalber auf die Burgbühne Stromberg stellen und ein paar Sätze sprechen. Natürlich nur, wenn nicht gerade Vorstellung ist. Denn in den Sommermonaten dienen die Stufen der Kreuzkirche als Freilichtbühne, und der Burghof wird zum Publikumssaal unter freiem Himmel. Mehr Infos unter www.burgbuehne.de.

Von Stromberg radelt man auf dem Pflaumenweg weiter, der zum Teil auch auf dem Werseradeweg verläuft. Richtung Rheda passiert man den Aussichtsturm.

In Reih und Glied: Stromberger Pflaumenbäumchen

Auf der Obstbaumwiese neben dem Rittergut finden sich schöne Picknickplätze

MACH MAL PAUSE!

KM 10,7

3 Rittergut Haus Nottbeck

Picknick unter Obstbäumen

Es war einmal ein Rittergut, das nun ein Museum für westfälische Literatur ist (www.kulturgut-nottbeck.de). Das hört sich ein bisschen trocken an, ist es aber gar nicht. Denn sowohl die schön renovierten Gebäude selbst als auch die Kulturangebote laden ein, etwas zu erleben, sich gut zu fühlen, miteinander in Kontakt zu kommen. Unter diesem Motto steht auch die Obstbaumwiese neben dem Gut. Hier findet man lauschige Picknickplätze, die man einfach nicht ungenutzt lassen darf. Also: Proviant raus, hinsetzen und das Ambiente rund um das idyllische Rittergut genießen. Wer dann noch Lust hat, kann anschließend ein bisschen Kultur tanken und die im Park verstreuten Hörinseln aufsuchen, um dort den eingesprochenen Texten zu lauschen.

Den Hinweisschildern Richtung Wiedenbrück folgen. Zunächst durchfährt man die kleine Ortschaft Sankt Vit, schon kurz danach erreicht man die Innenstadt Wiedenbrücks. Rechts von der Einfahrtsstraße liegt der Marktplatz.

KM 8,2

2 Aussichtsplattform Pflaumenpfad

Sehstärke testen

Natürlich liegt es nicht nur an der Sehstärke, ob man Rheda-Wiedenbrück oder sogar den Teutoburger Wald von der Aussichtsplattform aus entdeckt, aber warum nicht mal testen, ob man bei klarer Sicht Hügel oder Städtchen am Horizont erkennt? Näher dran ist man auf jeden Fall an der Frucht, um die sich hier alles dreht: die Stromberger Pflaume. Wer sie blühen sehen möchte, sollte ab April vorbeikommen, die lilafarbenen Früchte sind dann im August, September zu sehen. Ganzjährig kann man sich übrigens mit Pflaumenmarmelade und -mus oder Stromberger Pflaumenbrand eindecken. Immer wieder weisen Schilder auf Hofläden verschiedener Obstplantagen hin. Ein regionaleres Mitbringsel von der Tour ist kaum zu bekommen.

Weiter den Fahrradschildern Richtung Haus Nottbeck folgen.

Über einen historischen Steinweg geht es zum Schloss Rheda

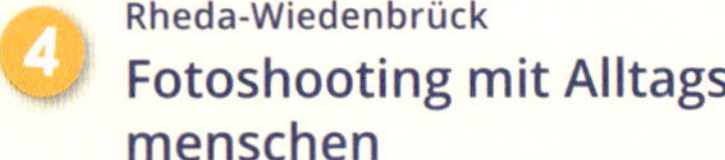

KM 17,3

4

Rheda-Wiedenbrück

Fotoshooting mit Alltagsmenschen

In Rheda-Wiedenbrück stechen zwei Dinge ins Auge: alte, charmante Fachwerkhäuser und alterslose, charmante Alltagsmenschen. Die Künstlerin Christel Lechner hat diese Figuren aus Beton geschaffen. Man kennt sie zwar schon aus so mancher Kleinstadt, aber hier sind sie während des Sommers besonders zahlreich vertreten. Direkt am Ortseingang hat sich eine Schützengruppe postiert, Männer in Anzügen stehen in der Einkaufsstraße, an der Kirche sind Nonnen zu finden und auf dem quirligen Marktplatz sommerlich gekleidete Damen und Herren. An den Emsauen entspannen die realistisch wirkenden Betonfiguren auf Sonnenliegen. Das perfekte Motiv, um den entschleunigten Ausflugstag in einem Foto festzuhalten. Einfach danebenhocken und ein Selfie machen.

Am Emssee und der Ems entlang Richtung Schloss Rheda fahren. Den Fahrradschildern folgen.

KM 20,2

5

Schloss Rheda

Durch den Schlossgarten flanieren

Oft sind Wasserburgen von künstlich ausgehobenen Gräften umgeben, doch der Burggraben rund um Schloss Rheda (schloss-rheda.de) ist keine Geringere als die Ems. Der kleinste Strom Deutschlands fließt gemächlich an Schloss und Park vorbei, das imposante Gebäude thront auf einer Sanddüne. Möchte man zum Schloss, folgt man dem historischen Steinweg, der auch am bezaubernden Park vorbeiführt. Im Rahmen der Landesgartenschau 1988 wurde dieser nach historischen Plänen umgestaltet. Schon im Jahr 1623 war der Garten nach holländischem Vorbild geometrisch angelegt worden. Hier geht man also nicht achtlos spazieren, sondern flaniert in achtsamer Langsamkeit – und genießt den Duft der edlen Rosensorten, die dort schon vor Hunderten von Jahren blühten.

Vom Schloss aus den Fahrradschildern Richtung Oelde folgen, in Oelde dann die Bahnschienen rechts queren und in einer großen Schleife ins Geisterholz radeln (auch hier weisen die Fahrradschilder den Weg).

In den Sommermonaten bereichern Alltagsmenschen wie diese Schützengruppe aus Beton die Altstadt

Über eine Holzbrücke geht es in dieses Waldstück

EXTRA INFOS:

Müde Beine, zu warm geworden, Kaffeedurst oder Hunger, immer noch Lust auf Action? Dann bietet der ● **Vier-Jahreszeiten-Park** in Oelde (www.vier-jahreszeiten-park.de) den perfekten Ausflugsausklang. Am Café Seasons gibt es drinnen und draußen Sitzplätze, der Schwimmbadbesuch ist im Parkeintrittspreis enthalten, und alles duftet und leuchtet so schön dank der üppigen Blütenpracht hier. Dazu kommen Klettermöglichkeiten, Kunstskulpturen, Abenteuerspielplätze, ein Minizoo und eine kleine Fähre, mit der man sich selbst übers Wasser ziehen kann.

Rheda-Wiedenbrück ist so schön, dass man getrost ein bisschen länger bleiben kann. Das ● **Hotel Ratskeller Wiedenbrück** (www.ratskeller-wiedenbrueck.de) liegt direkt am historischen Marktplatz. Außen ist das wunderschöne Fachwerkgebäude historisch und innen modern.

KM 39

6 Geisterholz und Haus Geist

Sich eine Spukgeschichte ausdenken

Wenn der Weg, auf den man abbiegt, Im Geisterholz heißt, und das Wasserschloss im Wald Geisterholz auch noch den Namen Haus Geist trägt, dann kann man doch nur an Spuk und gruselige Geschichten denken. Warum also nicht das privat bewohnte Wasserschloss, das sich hinter Bäumen versteckt und ein bisschen verschlafen wirkt, als Inspirationsquelle nutzen? Falls Kinder oder fantasievolle Erwachsene bei der Radtour dabei sind, freuen sie sich sicher über eine kleine selbsterdachte Gruselgeschichte. Wer weiß denn schon, welch unheimliche Gestalten im Geisterholz hocken und die Vorbeiradelnden schon die ganze Zeit beobachten …?

Weiter Richtung Oelde und den Schildern nach durch Baugebiet zum Bahnhof.

KM 44 » ZIEL

Bahnhof Oelde

Die Schilder mit dem roten Fahrrad weisen den Weg

AUF EINEN BLICK

- **Start/Ziel:** Bahnhof Oelde
- **Strecke/reine Radelzeit:** 44 km (Rundtour), 3 Std.
- **Höhenmeter:** ↗97 m, ↘97 m
- **Wegbeschaffenheit:** Zu Beginn ruckelt es ein bisschen, weil der Schotter auf den Waldpfaden recht grob ist. Danach gleitet man über glatte Feld- oder gemütliche Radwege. Einige Male geht es rauf und runter.
- **Beste Zeit:** Im April blühen die Pflaumenbäume, und im August und September hängen die Früchte in sattem Lila an den Bäumen.
- **Mitnehmen:** Picknick für die idyllischen Plätze am Haus Nottbeck.

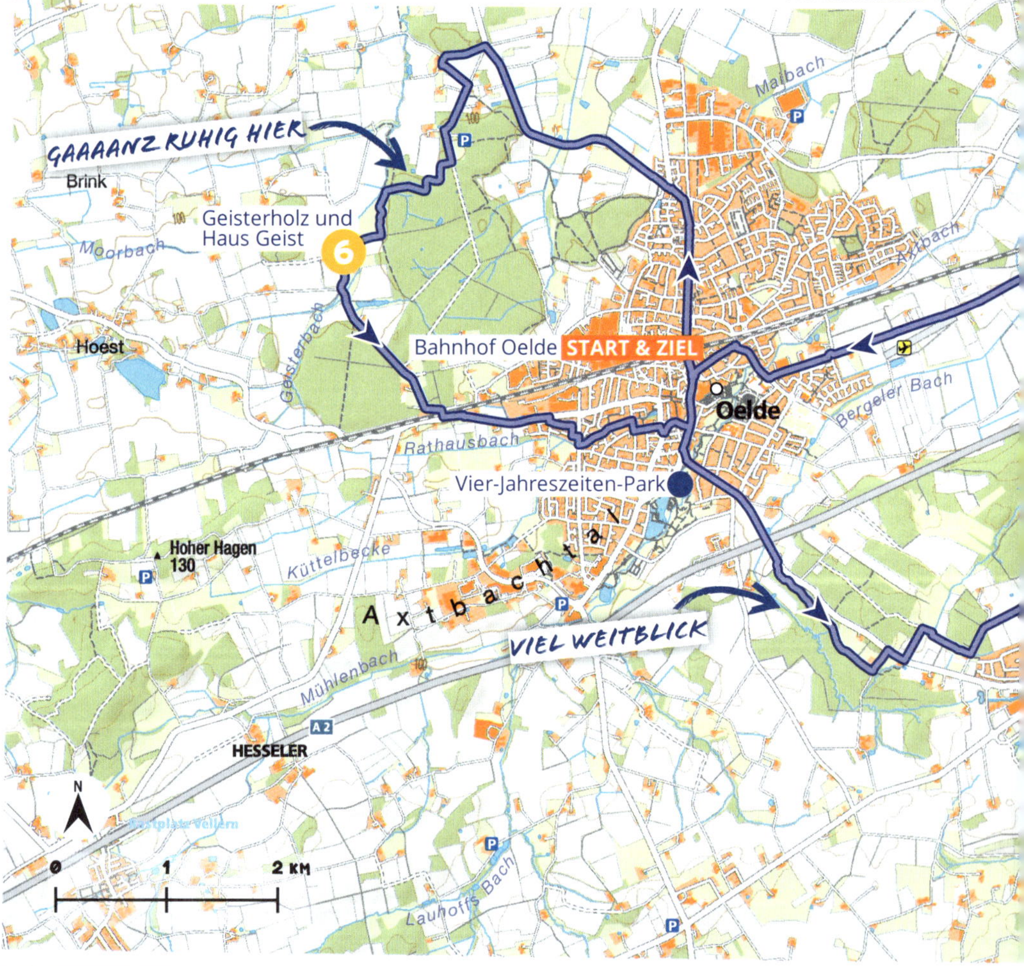

GAAAAANZ RUHIG HIER
Brink
Geisterholz und Haus Geist
6
Moorbach
Maibach
Axtbach
Hoest
Geisterbach
Bahnhof Oelde START & ZIEL
Oelde
Bergeler Bach
Rathausbach
Vier-Jahreszeiten-Park
Hoher Hagen 130
Küttelbecke
Axtbachtal
VIEL WEITBLICK
Mühlenbach
A2
HESSELER
N
0
1
2 KM
Lauhoffs Bach

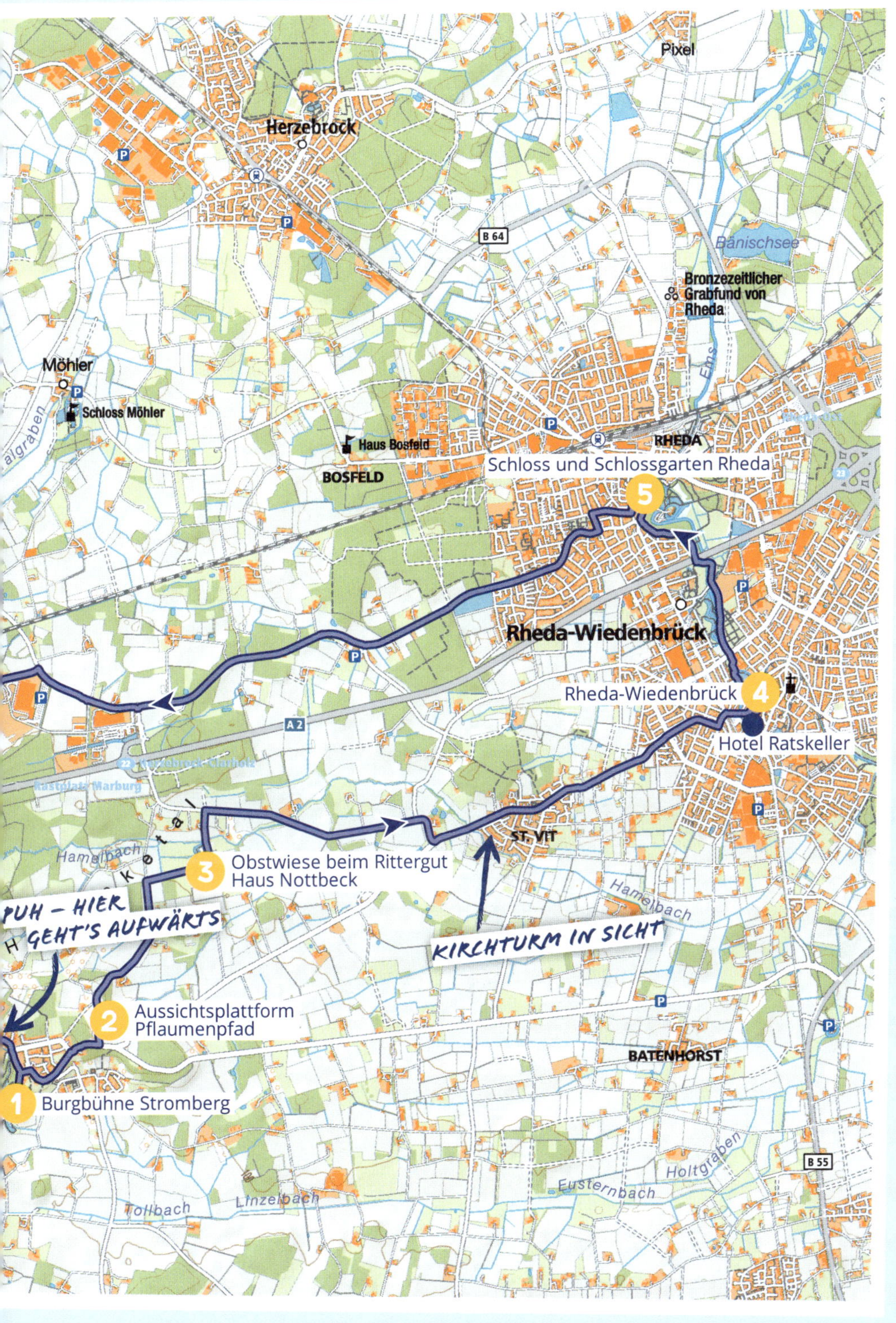
Pixel
Herzebrock
B 64
Bänischsee
Bronzezeitlicher Grabfund von Rheda
Möhler
Schloss Möhler
Haus Bosfeld
BOSFELD
RHEDA
Schloss und Schlossgarten Rheda
5
Rheda-Wiedenbrück
Rheda-Wiedenbrück
4
Hotel Ratskeller
A 2
ST. VIT
Hamelbach
3
Obstwiese beim Rittergut Haus Nottbeck
PUH – HIER GEHT'S AUFWÄRTS
KIRCHTURM IN SICHT
Hamelbach
2
Aussichtsplattform Pflaumenpfad
BATENHORST
1
Burgbühne Stromberg
Holtgraben
B 55
Eusternbach
Tollbach
Linzelbach

DIE RADELPAUSEN

» START
Bahnhof Greven

KM 1
① Kunst auf dem Deich
Über die riesige Nadel staunen

KM 10,1
② Spiekerladen
Würstchen für die nächste Brotzeit

KM 12,3
③ Weide am Kanal
Perspektivwechsel wagen

10

ZURÜCK IN DIE VERGANGENHEIT

Vom Grevener Emsdeich in ganz alte Dörfer

Auf dieser Zeitreise mischt sich erst Nordseeflair mit Skulpturenkunst, dann radelt man über menschenleere Feldwege zum Kanal, fühlt sich am Jachthafen ein bisschen maritim und erfährt schließlich im Freilichtmuseum Sachsenhof, wie das Münsterländer Leben in uralten Zeiten war.

KM 21,2
4 Dortmund-Ems-Kanal Schmedehausen
An der Kanalkante picknicken

KM 29,2
5 Sachsenhof
In die Vergangenheit eintauchen

KM 32,1
6 Wentruper Berge
Auf dem Waldxylophon spielen

KM 36,1 » ZIEL
Bahnhof Greven

MIT VIEL FANTASIE ...

... startet diese Tour nicht in Greven an der Ems, sondern an der Nordsee. Denn wenn man vom Bahnhof aus über die Emsbrücke radelt, geht es direkt rechts auf einem Deich weiter. Schon das kleinste Bisschen Wind spürt man sofort. Gegenwind ist kein Problem, man kommt am Anfang ohnehin nur langsam von der Stelle: Am Rand des erhöhten Radwegs stehen nämlich viele interessante Skulpturen, für die man immer wieder Pausen einlegt.

Egal ob rostige Stahlhände mit langen Fingern, eine mehrere Meter lange Nähnadel oder ein Surfboard, an dem Verliebte Liebesschlösser anbringen dürfen – alles hat mit der Ems zu tun, deren Verlauf mitten durch die Stadt die Wirtschaft und das Leben geprägt hat – und noch prägt. Auf kleinen Infoschildern erfährt man, was sich die Kunstschaffenden bei ihren Arbeiten gedacht haben. Jede der Skulpturen taugt für ein tolles Erinnerungsfoto.

DEN SCHIFFEN AUF DEM KANAL NACHZUSCHAUEN WECKT SEHNSÜCHTE

Auch die regen Renaturierungsmaßnahmen an der Ems sind auf diesem ersten Tourenstück wunderbar zu erkennen. Es gibt eine riesige, recht neue Fischtreppe, zudem ist die Ems wesentlich breiter geworden und fließt nicht mehr schnurgerade am Deich vorbei. Gelegentlich sieht man noch Baustellenzäune, und langsam wachsen die neu geschaffenen Ufer zu.

Kaum lässt man allerdings die Ems hinter sich, ist man mitten auf dem Land: Auf leeren und bequemen Feldwegen geht es Richtung Gimbte, ein typisches Münsterländer Vorzeigedorf mit einem historischen Ortskern und einer hohen Gaststättendichte.

Anschließend führt die Strecke durch die Bockholter Berge zum Kanal. Ein Abstecher zum Jachthafen bietet sich an. Außerdem kann man eine alte und eine neue Kanalüberfahrt bewundern. Holpernd geht es weiter am Wasser entlang Richtung Schmedehausen und dort auf direktem Weg in die Vergangenheit. Letztes Streckenhighlight ist eine Pause auf dem Sachsenhof, einem Gratis-Freilichtmuseum. Über Land radelt man in die Wentruper Berge am Rande von Greven. Nur noch ein paar Hundert Meter, dann wartet in der Innenstadt ein Eis zur Belohnung! «

Birken vor einem Kornfeld

Diese großen Fische gehören zur Skulpturen-Kunst auf dem Deich bei Greven

Die Ems wird dank der Renaturierungsmaßnahmen immer wilder

RADELN & GENIEßEN

Bahnhof Greven

Ab hier über die Emsbrücke Richtung Innenstadt bis zum Knotenpunkt 71, von dort Richtung 70 beziehungsweise Richtung Gimbte an der Ems entlang.

Hoch die rostigen Hände!
Skulpturenkunst am Wegesrand

Kunst auf dem Deich

Über die riesige Nadel staunen

Da recken sich rostige große Hände in den Himmel, dort schwimmen große Steinfische am Ufer, und dann ist da noch diese überdimensionale Nadel: Die Kunstprojekte auf dem Grevener Deich sind echte Hingucker. Manche wunderschön, andere skurril, aber auf jeden Fall einen kleinen Stopp wert. Lächeln muss man, wenn man sich die Dimensionen der »Emsnadel« aus Stahl anschaut. Uwe Mertsch hat sie geschaffen, samt einer kleinen Fadenrolle. Auf dem dazugehörigen Infoschild steht, der schwungvolle Faden stünde für neue Tatkraft, innovative Ideen und zukunftsweisende Visionen. Nadel und Faden sind außerdem das Symbol für die Textilindustrie, die Greven für viele Jahre prägte.

Unter der Weide:
Blättervorhang in hellgrün

Nach Gimbte geht es weiter Richtung Gittrup beziehungsweise Richtung Knotenpunkt 48. Wenn man auf die Gittruper Straße kommt, steht dort ein Hinweisschild zum Spiekerladen.

KM 10,1

2

Spiekerladen
Würstchen für die nächste Brotzeit

Im Spiekerladen (www.spiekerladen.de) im Hof Renfert-Deitermann sind Gäste sehr willkommen. Sie können sich im Garten an eins der kleinen Tischchen setzen und einen Kaffee trinken, außerdem steht rund um die Uhr ein Kühlschrank mit kalten Getränken bereit. Der Hofhund lässt sich nicht aus der Ruhe bringen und bleibt ganz entspannt liegen. Ist der urige Hofladen geöffnet, werden dort Steinofenbrot, Eier, Käse, Kartoffeln, eingeweckte Gurken, alle möglichen Marmeladensorten und frische Fleischwaren verkauft. In alten Holzschränken und Regalen werden die Waren wunderbar präsentiert. Die abgepackten Bierknacker eignen sich hervorragend für eine spätere Brotzeit.

Weiter Richtung Knotenpunkt 79 und dann Richtung 78. Links am Kanal steht eine große Trauerweide.

Eine große Auswahl an regionalen Leckereien gibt's im Spiekerladen

KM 12,3

3

Weide am Kanal
Perspektivwechsel wagen

Ihre herabhängenden Äste streifen einen, wenn man an ihr vorbeiradelt. Die mächtige Trauerweide direkt am Kanalufer ragt ein wenig über den Radweg. Schlüpft man unter ihr Blätterdach, ist es, als befinde man sich in einer anderen Welt. Sonnenlicht schimmert durch die Äste, es ist ruhig. Da die Weide so groß ist, kann man sogar mit dem Fahrrad in ihrem Schatten eine kleine Pause machen und die grau-grünen Blätter einmal ganz genau betrachten. Und auch, wenn die Trauerweide nun mal so heißt, wie sie heißt: Unter ihrem Dach fühlt man sich gar nicht traurig, sondern beschützt und sogar ein kleines bisschen glücklich.

Weiter geht es am Kanal entlang, bis man zur Anlegestelle Schmedehausen kommt.

KM 21,2

4

Dortmund-Ems-Kanal Schmedehausen

An der Kanalkante picknicken

Ist man schon eine Weile am Dortmund-Ems-Kanal entlanggeradelt, wird es dringend Zeit für eine Pause. Dafür eignet sich die Anlegestelle am Rand des Dörfchens Schmedehausen. Hier kann man sich auf der harten Stahlkante der Wasserstraße niederlassen und die Füße über dem Kanal baumeln lassen. Mit Blick auf die Brücke schmeckt das mitgebrachte Picknick doch gleich viel besser. Vielleicht ist das auch eine Gelegenheit, die Bierknacker aus dem Spiekerladen zu probieren. Mit etwas Glück legt gerade ein Freizeitkapitän oder eine Freizeitkapitänin an, und man kann bei dem Manöver zuschauen.

Die Füße baumeln lassen und sich mit Wurst und Stulle stärken

Man fährt durch Schmedehausen, passiert die Kirche und biegt dann links auf die Schmedehausener Straße ab, dann rechts auf Am Horstkamp. Geradeaus bis zum Knotenpunkt 75. Von dort aus über Knotenpunkt 74 zum Sachsenhof mit dem Knotenpunkt 76.

KM 29,2

Sachsenhof

In die Vergangenheit eintauchen

Sobald man das Fahrrad abgestellt hat, beginnt die Zeitreise. So wie im Freilichtmuseum Sachsenhof könnte es vor 1200 Jahren in einer typischen frühmittelalterlichen sächsischen Hofanlage ausgesehen haben. In den 1980er Jahren hatte man bei Ausgrabungen in der Nähe Gebäudespuren und Gebrauchsgegenstände sächsischer Bauern entdeckt. Diese dienten neben anderen historischen Quellen als Grundlage für den Bau der Hofanlage in Greven-Pentrup. Pfosten- und Grubenhäuser sowie Anpflanzungen von Kulturpflanzen des frühen Mittelalters zeigen anschaulich, wie die Menschen früher gelebt, geerntet und gearbeitet haben. Der Sachsenhof ist durchgehend geöffnet und frei zugänglich. Die Zeitreise ist kostenlos.

So lebten unsere Vorfahren – im Sachsenhof kann man in die Vergangenheit eintauchen

Vom Sachsenhof aus geht es rechts weiter Richtung Knotenpunkt 72. Unterwegs kommt man durch das Waldgebiet Wentruper Berge.

KM 32,1

Wentruper Berge

Auf dem Waldxylophon spielen

Die Wentruper Berge haben einen niedlichen Spitznamen: Sie werden auch Püppkesberge genannt. Das trifft es, denn obwohl der Wald auf Sanddünen gewachsen ist, die bis zu 20 Meter hoch sein können – mächtige Berge finden sich am Rande der Stadt Greven wahrlich nicht. Dafür wachsen hier Sandsegge, Sandstraußgras und Sandrapunzel. Räder können am auffälligen Pausenpilz abgestellt werden, um dem Erlebnispfad durch den Wald zu Fuß zu folgen. Doch selbst ohne diesen Abstecher passiert man die 13. Station des Rundgangs: das Baumxylophon. Die Klangkörper aus verschiedenen Baumarten hängen an einem massiven Holzrahmen. Mit einem Metallstock entlockt man ihnen unterschiedliche Töne.

Weiter Richtung Knotenpunkt 72. Rechts vor der Brücke in den Wald abbiegen und den Fahrradschildern Richtung Innenstadt folgen. Von dort radelt man dann zum Bahnhof.

EXTRA INFOS:

Gleich am Ortseingang des historischen Bauerndorfes Gimbte liegt der 350 Jahre alte ● **Museumshof Averkamp** (www.hofmuseum.de). Am Wochenende kann man dort nachmittags sehen, wie in alten Zeiten gewirtschaftet wurde. Der Bauerngarten bietet sich für eine kleine Kaffeepause an.

Ein von zahlreichen Pfaden durchzogenes Gebiet für Spaziergänge findet sich in den ● **Bockholter Bergen.** Die Wege führen auf und ab, vorbei an Heidelandschaften, ursprünglichem Eichen- und Kiefernwald und dem idyllisch gelegenen Gallenbach.

Der ● **Jachthafen bei Gelmer** lohnt einen kurzen Aufenthalt. Im Restaurant-Biergarten (www.fuestrup.de) kann man den Blick über die dort vor Anker liegenden Boote schweifen lassen.

KM 36,1 » ZIEL

Bahnhof Greven

Mitten durch die Wentruper Berge, die eher kleine Hügelchen sind

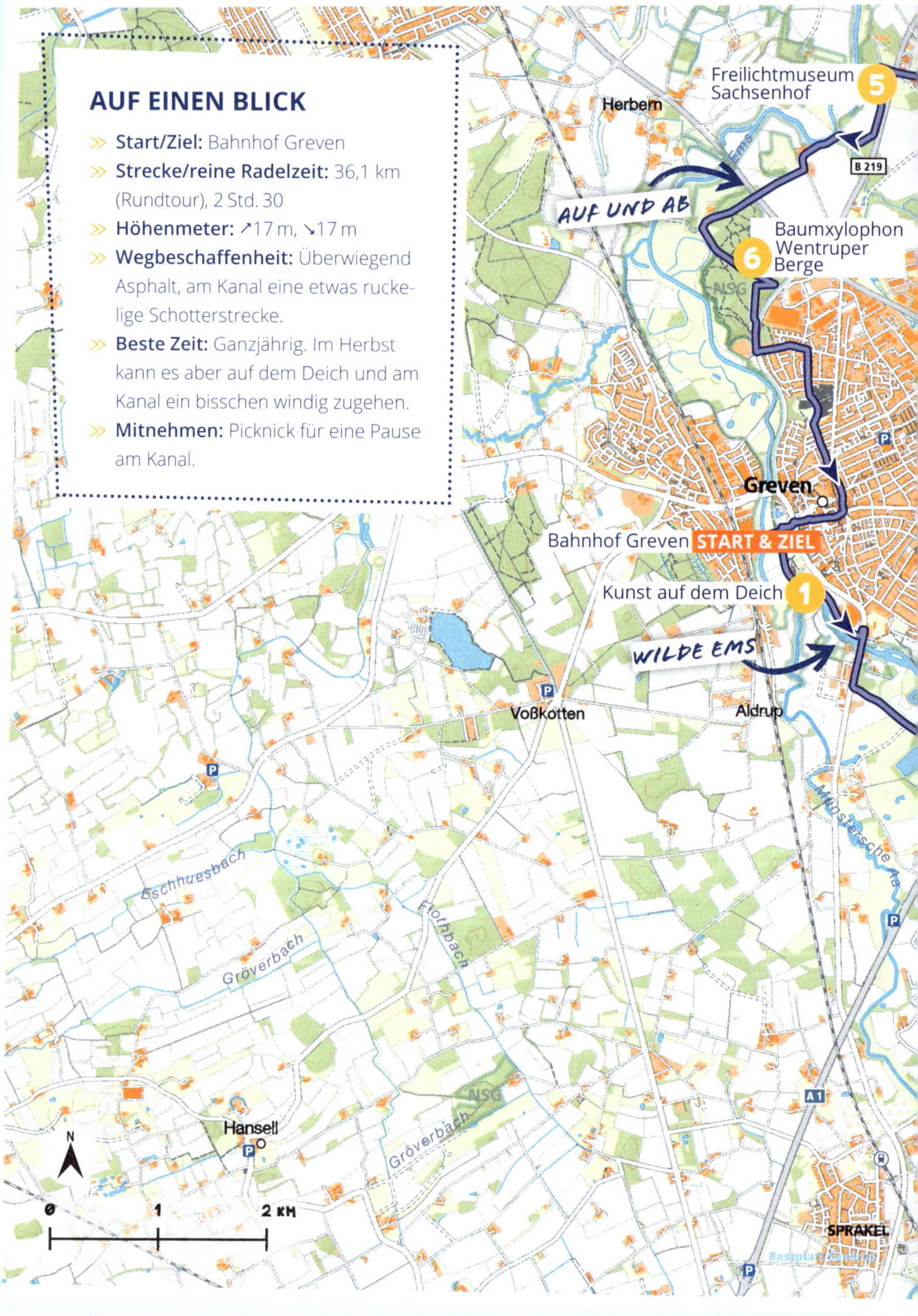
AUF EINEN BLICK
» Start/Ziel: Bahnhof Greven
» Strecke/reine Radelzeit: 36,1 km (Rundtour), 2 Std. 30
» Höhenmeter: ↗17 m, ↘17 m
» Wegbeschaffenheit: Überwiegend Asphalt, am Kanal eine etwas ruckelige Schotterstrecke.
» Beste Zeit: Ganzjährig. Im Herbst kann es aber auf dem Deich und am Kanal ein bisschen windig zugehen.
» Mitnehmen: Picknick für eine Pause am Kanal.
Freilichtmuseum Sachsenhof
5
Herbern
Ems
B 219
AUF UND AB
Baumxylophon Wentruper Berge
6
NSG
Greven
Bahnhof Greven
START & ZIEL
Kunst auf dem Deich
1
WILDE EMS
Voßkotten
Aldrup
Münstersche Aa
Eschhuesbach
Gröverbach
Flothbach
NSG
A 1
Hansell
Gröverbach
SPRAKEL
N
0
1
2 KM

Ladbergen
Hüttrup
Franz-Felix-See
Dortmund-Ems-Kanal
Schmedehausen
4 Dortmund-Ems-Kanal Schmedehausen
Lüttke
A 1
Maestrup
Aa
B 481
Emsaue
KANAL OHNE KURVEN
Guntrup
Gellenbach
Hofmuseum Averkamp
Gimbte
Bockholter Berge
Bockholt
NSG
Baggersee
Gertrudensee
SCHATTIGE WALDWEGE
Trinkwasser Reservoir
Jachthafen
Gittruper See
Spiekerladen Renfert-Deitermann 2
Gittrup
Fuestrup
Rieselfelder Münster
3 Trauerweide am Kanal
Ems
Emsaue bei Telgte

DIE RADELPAUSEN

»START
Bahnhof Drensteinfurt

KM 8,5

1 Café Restaurant Lohmann
Kurz mal die Gleise überqueren

KM 14,4

2 Hohe Ward
Frisches Wasserwerkswasser trinken

KM 18,6

3 Eiscafé Etna und Albersloher Werseufer
Abkühlen auf zweierlei Art

11

AB INS HIMMELREICH

Ab Drensteinfurt zum versteckten Aussichtsturm bei Sendenhorst

Erst geht es entlang der Bahnschienen über Rinkerode, später dann kurvenlos durch das nach Kiefern duftende Waldgebiet Hohe Ward zum Himmelreichturm. Diese Rundtour ab Drensteinfurt ist zwar voller Geraden, doch trotz dieser Langstrecken wird es nie langweilig.

KM 22,2

4 Bauerschaft Storp
Füße hochlegen

KM 30,4

5 Sendenhorster Haus der Jugend
Himmelreichturm erklimmen

KM 39,8

6 Drensteinfurt
Erst bummeln, dann Bruschette essen

KM 40,4 » ZIEL
Bahnhof Drensteinfurt

DA ROLLEN DIE RÄDER

Die hügellose Rundtour von Drensteinfurt über Rinkerorde, Alberloh und Sendenhorst macht richtig Spaß. Die Wege sind menschenleer und breit, die Strecke ist trotz einiger Längen sehr abwechslungsreich. Denn man passiert gleich mehrere kleine Orte und blickt unterwegs immer wieder auf die beständig wilder werdende Werse.

In Rinkerode findet man einen hübschen Biergarten direkt am Bahnhof, auch im Ortskern an der Kirche ist Gastronomie angesiedelt. Anziehungspunkt für viele Einheimische und Auswärtige ist die Eisdiele Etna in Albersloh. Mit Blick auf die glasklare Werse mit ihren Badestellen schmeckt's doch gleich viel besser.

VOR DEM HIMMELREICHTURM STEHEN UND SICH EINFACH AUF DEN AUFSTIEG FREUEN

Bevor man allerdings dort ankommt, radelt man ein langes Stück durch die Hohe Ward. Ein Waldgebiet, in dessen Mitte ein schönes Wasserwerk liegt. Es duftet nach Kiefer und riecht deshalb ein bisschen nach Ostseeurlaub. Doch statt Salzwasser und Möwengeschrei erwartet Radelbegeisterte nach der Walddurchquerung die typische Münsterländer Parklandschaft: Felder, Hecken, Wiesen, verstreut liegende Bauernhöfe – und ganz viel Ruhe. Die Räder rollen fast von allein, denn die meisten Wege sind asphaltiert, breit genug, um auch mal nebeneinander zu fahren, und ohne nennenswerte Steigungen zu bewältigen.

Steiler wird es beim kleinen Abstecher zu dem von Jugendlichen errichteten Himmelreichturm, der in einem kleinen Waldstück neben dem Jugendgästehaus bei Sendenhorst liegt.

Am Ende der Tour durchs südliche Münsterland lohnt es sich, noch ein bisschen Zeit für Drensteinfurt einzuplanen. Das 15 000-Seelen-Städtchen hat ein paar niedliche Fachwerkhäuser sowie ein richtig großes – die Alte Post – vorzuweisen. Außerdem sollte man auf dem Marktplatz unbedingt die beiden Schützenbrüder begrüßen, die dort den ganzen Sommer über die Stellung halten. Sie gehören zu den Alltagsmenschen der Künstlerin Christel Lechner, die hier in Lebensgröße aufgestellt wurden. «

Bahnhof Drensteinfurt

Ab dem Bahnhof fährt man auf dem Werseradweg Richtung Knotenpunkt 2 beziehungsweise Richtung Rinkerode.

Ein kleines Getränk zum Tourstart?

KM 8,5

1 Café Restaurant Lohmann

Kurz mal die Gleise überqueren

Das Café-Restaurant Lohmann liegt direkt auf der anderen Seite der Gleise

Eigentlich führt die Tour an Rinkerode vorbei, aber wenn man einen Blick über die Gleise wirft, sieht man das Café-Restaurant Lohmann (www.hotel-restaurant-lohmann.de) und wird gleich neugierig. Hier möchte man also vielleicht ein kleines Getränk zum Tourstart trinken! Rinkerode ist ein Ortsteil von Drensteinfurt und hat eine hohe Gastronomiedichte. Das Lokal an den Gleisen lockt vor allem Leute auf Ausflügen oder Radtouren an, doch auch rund um die Rinkeroder Kirche finden sich zahlreiche Restaurants. Selbst Bundesligaspieler werden dort immer mal wieder gesichtet, wenn sie auf ihrem Heimflug über den Flughafen Münster/Osnabrück von ihrem Auswärtsspiel zurückkehren.

Hinter Rinkerode weiter den Bahngleisen folgen. Nicht die erste Möglichkeit rechts Richtung Albersloh zum Knotenpunkt 47 nehmen, sondern weiter geradeaus mitten in das Waldgebiet Hohe Ward, dort erst scharf rechts Richtung Albersloh beziehungsweise Knotenpunkt 47.

KM 14,4

2 Hohe Ward

Frisches Wasserwerkswasser trinken

Wenn es nicht so gefährlich wäre, müsste man beim Durchqueren der Hohen Ward die Augen schließen. So würde man den Duft der Kiefern noch viel intensiver wahrnehmen. Das Waldgebiet ist eines der beliebtesten Spazierreviere der Einheimischen und wird zugleich zur Trinkwassergewinnung genutzt. So förderte das denkmalgeschützte Wasserwerk Hohe Ward schon ab 1906 Wasser für die Stadtwerke. Vor dem hübschen Jugendstilgebäude steht ein beständig sprudelnder Wasserspender, an dem man bestes Trinkwasser direkt trinken oder seine Flasche auffüllen kann.

Der nächste Knotenpunkt liegt in Albersloh und trägt die Nummer 47. Sobald die Werse in Sicht kommt, ist man schon am Eiscafé und dem Wersestrand.

Das denkmalgeschützte Wasserwerk steht mitten im Waldgebiet Hohe Ward

KM 18,6

3 Eiscafé Etna und Albersloher Werseufer

Abkühlen auf zweierlei Art

Ob man nun zuerst einen erfrischenden Eisbecher im kultigen Eiscafé Etna (facebook.com/EtnaEiscafe) isst oder lieber direkt zum renaturierten Wersestrand hinabsteigt, um die nackten Füße ins glasklare Wasser zu tauchen – beides kühlt einfach herrlich ab, wenn die Sonne scheint oder man müde vom Radeln ist. Da diese beiden »coolen« Orte nur 50 Meter voneinander entfernt liegen und durch eine Brücke miteinander verbunden sind, kann man bei diesem Stopp in Albersloh wunderbar beides machen. Übrigens sollte man keine Angst vor Fischen haben, denn die gibt es in der Werse reichlich. Man kann sie von der Brücke aus im klaren Wasser beobachten.

Man durchfährt Albersloh sich links haltend Richtung Knotenpunkt 9. Lange fährt man dabei durch die Albersloher Bauerschaft Storp. Vor einem Gehöft steht links eine schöne Tisch-Bank-Gruppe.

Das Eiscafé Etna liegt direkt am Werseufer

KM 22,2

4 Bauerschaft Storp
Füße hochlegen

Was ist eigentlich eine Bauerschaft? Beim Pausenplatz, der bei zwei Bäumen links am Weg liegt, erfährt man mehr über die Zusammenschlüsse von Bauernhöfen in den dünn besiedelten Teilen des Münsterlandes, die von Ackerbau und Viehzucht geprägt sind. Eine Infotafel erklärt, welche Höfe zur Bauerschaft Storp gehören, in deren Mitte der Steintisch und die Bänke stehen. Acht Höfe gehören zu dieser kleinsten Albersloher Bauerschaft. Hier half und hilft man sich auch heute noch gegenseitig. Früher gab es Versammlungen unter Vorsitz des Bauerrichters, der den Rang eines Schultheißen besaß. Das ist nicht mehr so. Was aber bleibt, ist die Ruhe in der Bauerschaft mit weit verteilt liegenden Höfen. Man kann sie hervorragend genießen, indem man für einen Moment die Füße hochlegt.

Weiter geht's zum Knotenpunkt 9 Richtung Sendenhorst. Von dort dann ohne Innenstadtbesuch direkt Richtung Knotenpunkt 62. Die Strecke für einen Abstecher links Richtung Hinweisschild zum Jugendgästehaus verlassen.

Gehört auch zu einer Radtour: einfach mal die Füße hochlegen

Auf 62 Stufen geht es im Kreis nach oben

KM 30,4

5

Sendenhorster Haus der Jugend

Himmelreichturm erklimmen

Pfadfinder errichteten den elf Meter hohen Turm aus Douglasienholz

Die Sendenhorster Georgspfadfinder sind über sich hinausgewachsen und haben vor einigen Jahren auf ihrem Gelände mitten im verwunschenen Himmelreichwald einen elf Meter hohen Turm aus Douglasienholz errichtet (www.jgh-himmelreich.de/der-himmelreichturm). Die Stämme schrauben sich scheinbar schwerelos in den Himmel. In ihrer Mitte führt eine Wendeltreppe über 62 Stufen in Baumwipfelhöhe. Achtung! Betreten auf eigene Gefahr, Schwindelfreiheit ist die unbedingte Voraussetzung! Wer eine gigantische Weitsicht erwartet, wird enttäuscht sein. Dieser Turm bietet aber eine tolle Möglichkeit, die Natur zu beobachten. Außerdem ist es wirklich interessant, sein Fahrrad mal aus Vogelperspektive zu betrachten.

Zurück auf dem Weg Richtung Knotenpunkt 62 geht es nach Drensteinfurt, wo Knotenpunkt 26 – und damit der Startpunkt – liegt.

6

Drensteinfurt

Erst bummeln, dann Bruschette essen

Bei einem gemütlichen Bummel durch Drensteinfurt bekommt man ein paar wirklich hübsche und vor allem alte Fachwerkhäuser zu sehen. Das größte ist die Alte Post aus dem Jahr 1647, das wie zahlreiche andere historische Gebäude in der Mühlenstraße steht. Nicht weit entfernt befindet sich die Bronzestatue eines Pferdes. Der rechte Vorderhuf glänzt schon, weil so viele Menschen ihn berühren: Vielleicht bringt das ja Glück! Wer sich nach der Radtour und dem Stadtspaziergang noch ein bisschen ausruhen und stärken will, ist bei Andre's Auszeit (www.andresauszeit.de) genau richtig. In dem Bistro gibt's Kaffee, kalte Getränke, Kleinigkeiten wie Bruschette oder Suppe, aber auch Schnitzel und Co. Der Blick auf den Marktbrunnen und die Altstadt ist inklusive.

Jetzt geht es über die Mühlenstraße zurück über die Bahnhofstraße zum Bahnhof.

Kurz vor dem Ziel kann man es sich nochmal gutgehen lassen

KM 40,4 » ZIEL

Bahnhof Drensteinfurt

Auf dem beschaulichen Marktplatz von Drensteinfurt geht es gemütlich zu

Hiltruper See
2 Wasserwerk Hohe Ward
RIECHT HERRLICH NACH KIEFERN
Westerbach
Albersloh
3 Eiscafé Etna und Albersloher Werseufer
Hemmer
Hemmerbach
Warendorfer Davert
1 Café-Restaurant Familie Lohmann
Rinkerode
Flaggenbach
Ahrenhorster Bach
Altendorf
NSG
B 54
Eickenbeck
Werse
AB JETZT GEHT'S GERADEAUS
Natorp
Suerbach
Ossenbeck
Umlaurbach
B 58
N
0
1
2 KM
Bahnhof Drensteinfurt
START & ZIEL
Drensteinfurt
6
Marktplatz Drensteinfurt

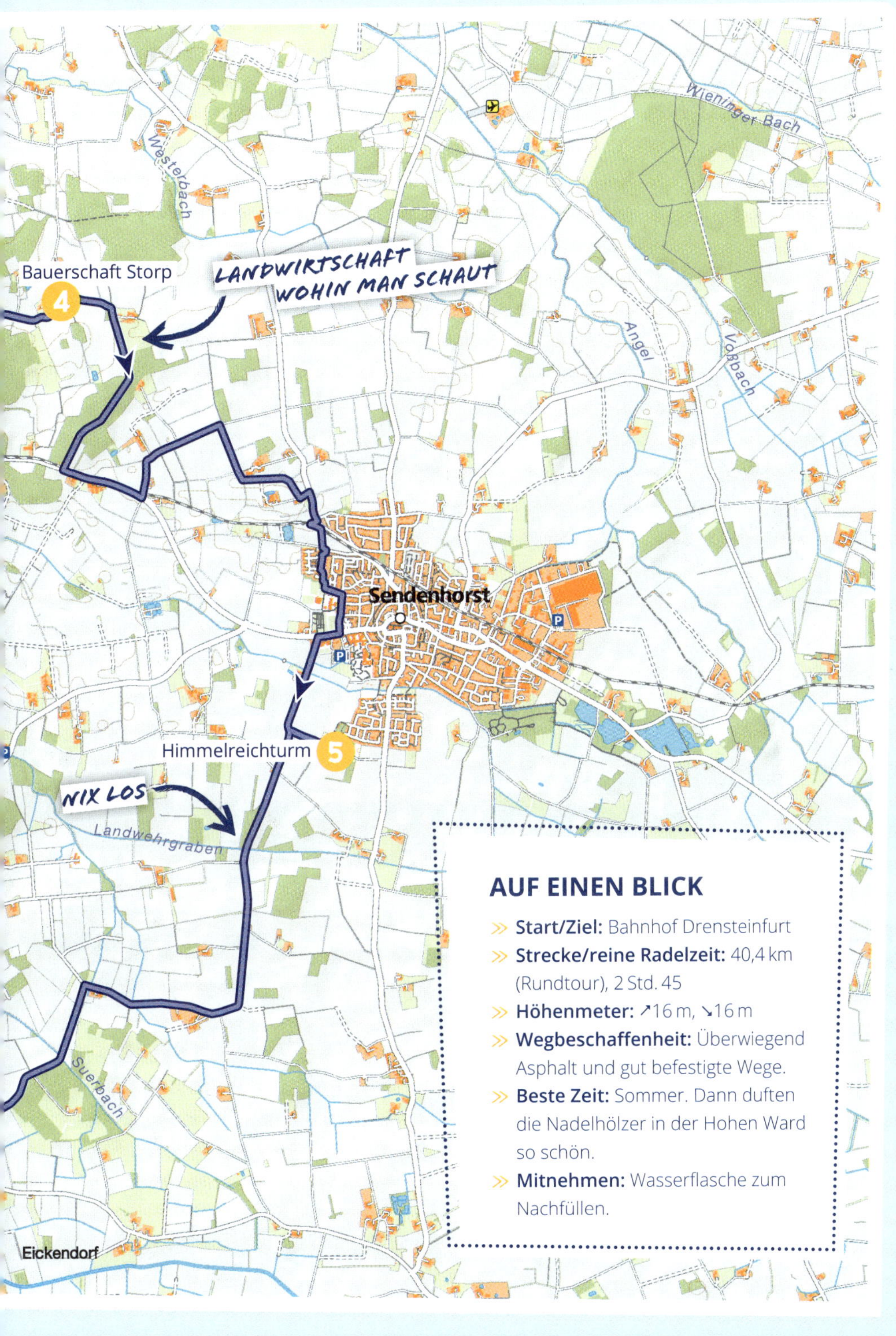

AUF EINEN BLICK

- **Start/Ziel:** Bahnhof Drensteinfurt
- **Strecke/reine Radelzeit:** 40,4 km (Rundtour), 2 Std. 45
- **Höhenmeter:** ↗16 m, ↘16 m
- **Wegbeschaffenheit:** Überwiegend Asphalt und gut befestigte Wege.
- **Beste Zeit:** Sommer. Dann duften die Nadelhölzer in der Hohen Ward so schön.
- **Mitnehmen:** Wasserflasche zum Nachfüllen.

DIE RADELPAUSEN

» START
Bahnhof Telgte

KM 5,1
1 Hinterm Rochhushospital
Blumen pflücken

KM 8,7
2 Am Werseufer
Gefahrlos picknicken

KM 17,5
3 Wolbeck
Alte Grabinschriften lesen

12 FLUSS MAL DREI

Entspannt entlang von Werse und Ems radeln

Auf dieser Flusstour ab Telgte geht es zwar viel über Land. Man radelt aber auch an insgesamt drei Flüssen vorbei. Und nicht nur das: Die charmanten Örtchen Angelmodde, Wolbeck, Alverskirchen und Everswinkel liegen ebenfalls an der kurzweiligen Strecke.

KM 22,1

4 Hof Gerbermann
Einen Tropfen Münsterland probieren

KM 35,7

5 Emsauen
Über Sinnsprüche nachdenken

KM 36,5

6 Marktplatz Telgte
Bummeln, essen, trinken, gucken

KM 37 » ZIEL
Bahnhof Telgte

ALLES GEHT, NICHTS MUSS

Diese Radtour ist alles andere als trocken. Drei Flüsse liegen am Weg, und manchmal kommt man ihnen richtig nah, besonders am Werseufer. Nur den Fuß ins Wasser stecken, baden oder paddeln – die Werse macht mit ihren renaturierten und idyllischen Uferabschnitten vieles möglich. Doch auch ohne Badekleidung und Kanu bietet diese Flussroute genug Abwechslung für alle Sinne.

AM WILDEN WERSEUFER GANZ IN RUHE RASTEN UND EINFACH NUR SCHAUEN

Schon zu Beginn befindet man sich an einem Lieblingsziel vieler Münsterland-Radtouren. Die quirlige Kleinstadt Telgte östlich von Münster ist einfach gemütlich. Hier wird man leicht in Versuchung geführt, das Rad einfach stehen zu lassen und stattdessen auf dem lebendigen Marktplatz zu versacken. Doch keine Sorge – man kommt ja später wieder.

Das erste Etappenziel ist ein schönes Ausflugslokal. Es liegt direkt an der Werse und heißt Pleistermühle. Über Baumwurzeln und mitten durch den Wald führt der Weg über das Werseufer. Auf der anderen Seite entdeckt man schicke Bootshäuser – diese Tour ist nichts für neidische oder missgünstige Menschen.

Nach der Werse ist vor der Landpartie. Über die Orte Angelmodde mit dem Wersezuflüsschen Angel und Wolbeck geht es nach Alverskirchen und Everswinkel.

Zwischen Everswinkel und Telgte wird es dann ganz schön windig. Der Weg führt nun über das karge Besterfeld, das zugleich die höchste Erhebung Telgtes ist. Dort drehen sich die Windräder beständig, und bei Gegenwind kommt man schon mal ins Schwitzen. Aber Entspannung naht: Entlang des dritten Flusses – der Ems – gelangt man wieder zum Marktplatz in Telgte. Eis, kühle Getränke, einfach nur dasitzen – alles geht. «

Obstbäume säumen den Weg zur Werse

Diese beiden lassen sich nicht von den Radler:innen beeindrucken

So transportierte man früher einmal Milch

RADELN & GENIEßEN

START
Bahnhof Telgte

Direkt vor dem Bahnhof dem Fahrradhinweisschild links Richtung Münster folgen. Es geht stadtauswärts zum Rochushospital. Dahinter links abbiegen, an ein paar Wiesen und Feldern vorbei und direkt auf das Blumenfeld zufahren.

Viel befahren: Neben der Werse verlaufen schöne Radwege

Im Sommer blüht es herrlich auf dem Selbstpflückerfeld

KM 5,1

1 Hinterm Rochushospital

Blumen pflücken

Im Sommer blüht es auf dem kleinen Selbstpflückerfeld nicht weit vom Rochushospital sonnenblumengelb oder gladiolenbunt. Wenn man etwas von der leuchtenden Blütenpracht mitnehmen möchte, kann man hier die Floristin oder den Floristen in sich entdecken. Also: absteigen und ganz nach Lust und Laune Blumen pflücken beziehungsweise abschneiden. Schneidemesser hängen vor Ort, genauso wie Gummibänder, die den selbstgemachten Strauß halten. Bezahlt wird bar, eine kleine Kasse steht bereit. Damit die Blumen die Radtour überstehen, wäre ein in Wasser getränktes Taschentuch oder ähnliches sinnvoll für den Transport.

Weiter geht es auf dem Weg bis zur Ausflugs-Gaststätte Pleistermühle. Dahinter links in den Werseradweg einbiegen und am Ufer entlangradeln.

Pausenbrot mit Blick auf die wilde Werse

KM 8,7

Am Werseufer

2 Gefahrlos picknicken

Am Wochenende ist es an der Pleistermühle ganz schön voll. Wem das zu rummelig ist, der oder die radelt einfach entlang des Werseufers weiter. Aber Achtung! Dieser Wegabschnitt direkt an der Werse hat es in sich. Denn erstens kann einen das Wurzelwerk ganz schön ins Holpern bringen, zweitens ist auf dieser beliebten Strecke immer mit Gegenverkehr zu rechnen, und drittens lenken einen die schönen Ausblicke auf die langsam dahinfließende Werse immer wieder ab. Also lässt man es am besten ruhig angehen und setzt sich auf eine der Picknickbänke, die entlang des Ufers zu finden sind. Ist das Fahrrad erst einmal abgestellt und das Pausenbrot ausgepackt, kann man sich dann hervorragend aufs gefahrlose Essen und Schauen konzentrieren.

Den Hinweisschildern nach Angelmodde folgen. Von dort geht es weiter Richtung Wolbeck. Will man durch den Ort fahren, kommt man direkt auf die geöffnete gusseiserne Tür zum Alten Friedhof neben dem Drostenhof zu.

KM 17,5

Wolbeck

13 Alte Grabinschriften lesen

Ganz in der Nähe des historischen Drostenhofs, eines ehemaligen Burgmannshofs, liegt Wolbecks Alter Friedhof. Das Tor ist zwar geöffnet, trotzdem schleicht man geradezu hindurch. Das liegt vielleicht daran, dass man sich angesichts der alten Grabsteine ein wenig beklommen fühlt. Zu Unrecht. Denn die Steine haben es verdient, betrachtet zu werden. Wer mag dort bestattet worden sein, welche Namen tauchen auf, welchen Beruf hatte der oder die Verstorbene? Auch wenn man die rund 100 Jahre alten Inschriften nicht mehr lesen kann, ist es doch berührend, dass man sie jetzt noch sieht und über sie nachdenkt. Die mit Moos überzogenen und vom Wetter der Jahrhunderte gezeichneten Steine strahlen eine ganz besondere Kraft aus.

Auf der 100-Schlösser-Route geht es weiter Richtung Everswinkel. Noch bevor man Alverskirchen erreicht hat, liegt links die Kornbrennerei Gerbermann ein großes Schild weist darauf hin.

Ein Ort der Stille: der alte Friedhof Wolbeck

Inmitten des Telgter Emsauenparks finden sich Sinnsprüche, die zum Nachdenken anregen

KM 35,7

5

Emsauen

Über Sinnsprüche nachdenken

Schaut man beim Radeln entlang des Emsufers nach links und rechts, entdeckt man die Schönheit der Auenlandschaft rund um die Ems. Hier finden sich wertvolle Biotopstrukturen wie Magerwiesen und kleine Tümpel sowie knorrige Bäume und artenreiche Blumenwiesen. In ihrem Emsauenpark gehen die Einheimischen gerne joggen oder spazieren, zum Beispiel auf dem Naturlehrpfad oder entlang der Stelen des Sinnspruchweges. Wer kurz absteigt, kann einige der inspirierenden Sprüche auf sich wirken lassen. Sie alle drehen sich um die Themen Gehen oder Wandern. Aber Radelbegeisterte können sicherlich auch etwas damit anfangen.

Jetzt den Fahrradhinweisschildern Richtung Innenstadt folgen.

KM 22,1

4

Hof Gerbermann

Einen Tropfen Münsterland probieren

Korn ist nicht gleich Korn. Wenn er zum Beispiel nach höchster Handwerkskunst, nachhaltig, aus regionalem Getreide und über mehrere Generationen auf einem Hof inmitten von Münsterländer Wiesen und Feldern hergestellt wurde, dann ist der Korn ein Gerbermann-Korn – und deshalb besonders fein. Seit 1870 betreibt die Familie Gerbermann ihre Brennerei bei Alverskirchen auf dem landwirtschaftlichen Betrieb, den es schon seit dem Jahr 1400 gibt. Neben dem traditionellen Korn kann man im Hofladen die unterschiedlichsten Destillate und Liköre finden. Allesamt »Made im Münsterland«. Wer mag, kann vorab einen Rundgang durch die gläserne Brennerei buchen. Mehr Infos unter www.gerbermann.com.

Weiter Richtung Everswinkel und von dort aus Richtung Knotenpunkt 72 über das Bester Feld zurück nach Telgte. Dort aber nicht auf kürzestem Weg in die Innenstadt, sondern rechts bei der Streuobstwiese zur Ems abbiegen.

Regional und hochprozentig: Auf dem Hof Gerbermann kann man die gläserne Brennerei besuchen

...r quirlige Marktplatz ...itten in Telgtes Altstadt

EXTRA INFOS:

An der ● **Pleistermühle** (www.pleister-muehle.de) kann man sich spontan ein Kanu mieten oder Minigolf spielen oder setzt sich in den Biergarten. Am Wochenende wird es allerdings ganz schön voll in dem bekannten Ausflugslokal, das idyllisch an der Werse liegt.

Noch vor dem Ortseingang von Everswinkel befindet sich das ● **Mitmach-Museum Up'n Hoff**. Dort kann man alte Maschinen und Geräte aus Landwirtschaft und Handwerk anschauen und sogar ausprobieren. Besuche sind aber nur nach Anmeldung möglich (heimatverein@bshv-everswinkel.de oder 0 25 82/66 93 13).

KM 36,5

6 Marktplatz Telgte

Bummeln, essen, trinken, gucken

KM 37 » ZIEL

Bahnhof Telgte

Lieblingsplatz der Gäste und Einheimischen ist der Markplatz im Zentrum der kleinen Altstadt von Telgte (www.telgte.de). Hier laden historische Gasthäuser zum Essen und Cafés zur Pause ein. Im Sommer sorgen die draußen aufgestellten Tische und Stühle für mediterranes Flair. Wer noch nicht müde ist, schlendert noch durch die Gassen und erkundet die oft inhabergeführten Geschäfte. Kleiner Tipp für besonders warme Tage: Es gibt gleich drei Eisdielen in Telgte! Für ein schönes Selfie-Motiv sorgt der Ausrufer. Das ist eine lebensgroße Statue aus Bronze, die bei Wind und Wetter eine Glocke im Arm hält und Neuigkeiten verkündet.

Über die Bahnhofstraße fährt man zurück zum Bahnhof.

Grün bewachsen und idyllisch: Das Emsufer

AUF EINEN BLICK

- **Start/Ziel:** Bahnhof Telgte
- **Strecke/reine Radelzeit:** 37 km (Rundtour), 2 Std. 30
- **Höhenmeter:** ↗30 m, ↘30 m
- **Wegbeschaffenheit:** Alle Wege sind recht gut befahrbar, aber es gibt holperige Abschnitte. Vor allem am Werseufer – dort sollte man auf Baumwurzeln achten.
- **Beste Zeit:** Im Sommer. Dann kann man an der Pleistermühle paddeln oder seine Füße in der Werse abkühlen.
- **Mitnehmen:** Ein in Wasser getränktes Taschentuch – damit kann man die Selbstpflückerblumen frischhalten.

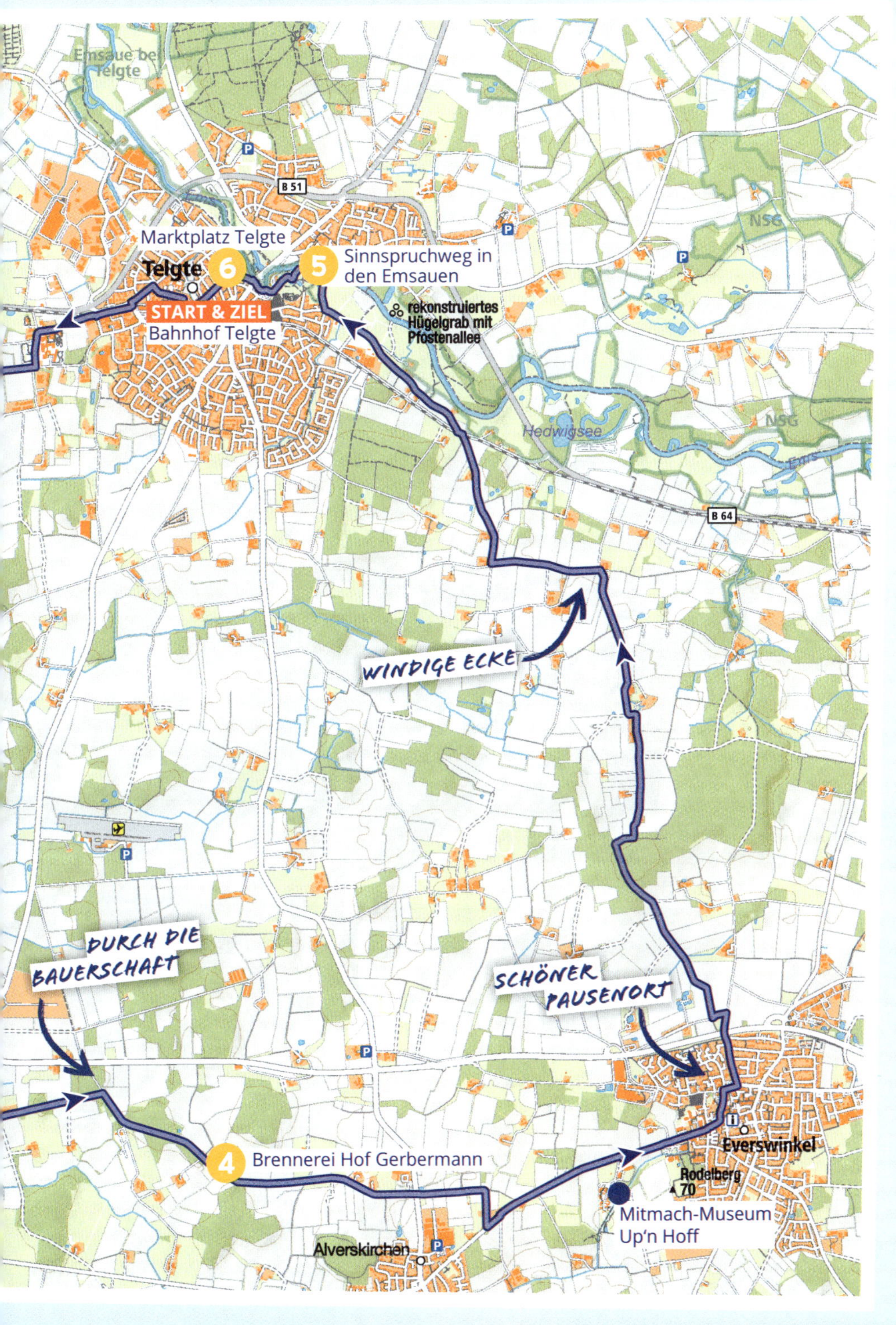

Emsaue bei Telgte
B 51
Marktplatz Telgte
Telgte
6
5
Sinnspruchweg in den Emsauen
START & ZIEL
Bahnhof Telgte
rekonstruiertes Hügelgrab mit Pfostenallee
NSG
Hedwigsee
NSG
Ems
B 64
WINDIGE ECKE
DURCH DIE BAUERSCHAFT
SCHÖNER PAUSENORT
4
Brennerei Hof Gerbermann
Everswinkel
Rodelberg
70
Mitmach-Museum Up'n Hoff
Alverskirchen

DIE RADELPAUSEN

» START
Bahnhof Nordwalde

KM 5,3
1 Kulturinsel Bispinghof
Postkartenmotive suchen

KM 6,2
2 Gut Althaus
Das kleine Gräften-Einmaleins lernen

KM 10,8
3 Vogelstange der Suttorfer Schützen
Gepflegtes Picknick in ebensolcher Umgebung

13 Wo die Schützen antreten

Regionale Vogelstangentour durch Nordwaldes Bauerschaften

Bei dieser Rundtour kommt man einer münsterländischen Tradition ganz nahe: Es geht an den Vogelstangen verschiedener Schützenvereine vorbei. Dabei gleitet das Fahrrad selten über glatten Asphalt und breite Wege, stattdessen kann es häufig holperig und eng werden.

KM 21,6

5 Kapelle der heiligen Schutzpatrone

Kerze anzünden und ins Büchlein schreiben

KM 18,2

4 Rastplatz der VSR

Plattdeutsche Vokabeln büffeln

KM 23 » ZIEL

Bahnhof Nordwalde

DEN HOLZSCHILDERN NACH

Immer mehr Menschen wollen regional produzierte Waren oder vor Ort angebaute Lebensmittel einkaufen, warum eigentlich nicht auch regional radeln? Auf der liebevoll angelegten Vogelstangenroute in Nordwalde ist das möglich. Anfang der 2000er Jahre hat die Katholische Arbeitnehmerbewegung (KAB) Nordwalde anlässlich des 850. Stadtgeburtstages die Route durch die Nordwalder Bauerschaft ausgeschildert. Auf den Holzschildern ist die Abkürzung für Vogelstangenroute – VSR – zu lesen. Genaues Hinschauen ist allerdings nötig. Denn neben den genormten Schildern des offiziellen Radwegenetzes übersieht man die kleineren handgemachten Hinweise leicht.

AUS DER KAPELLE IN DER FELDBAUERSCHAFT SCHAUT MAN MITTEN IN DIE NATUR

Um es gleich am Anfang zu erklären: Vogelstangen sind nicht für lebende Vögel gedacht, sondern für die Holzvögel, die bei den traditionellen Münsterländer Schützenfesten im Mittelpunkt stehen. Wer sie von der Stange holt, darf sich Schützenkönig oder Schützenkönigin nennen. Die oft handgeschnitzten Holzvögel werden dafür in den sogenannten Fangkasten gesteckt, der zum Schießwettbewerb in luftige Höhe gekurbelt wird. Ist gerade keine Schützenfestzeit, sind die großen Kästen am Boden.

Weil auf Nordwalder Gebiet nicht nur ein Schützenverein feiert, gibt es gleich mehrere Vogelstangen und Feierplätze für das Traditionsfest. Was allen gemeinsam ist: Sie sind wunderschön gelegen, Tische und Bänke laden zum Verweilen ein, und sie werden regelmäßig gepflegt und gehegt.

Doch auch sonst hat die Regionaltour einiges zu bieten: Es geht oft auch mal über schmale Pfade, vorbei an einem alten Gräftenhof oder entlang wild wachsender Hecken zu einer modernen kleinen Naturkapelle. Dazwischen bilden die Plätze mit den Vogelstangen schöne Ruheoasen. Außerdem kommt man unterwegs dem Plattdeutschen ein bisschen näher. Zur VSR-Route gehören nämlich auch Schilder mit plattdeutschen Sprüchen, die neben verschiedenen Pausenbänken angebracht sind. Für alle Wege dieser Runde gilt: Bitte Rücksicht auf die Leute nehmen, die dort wohnen, damit dort auch weiterhin auf zum Teil privaten Wegen regional geradelt werden kann. «

Da grinst der Vogel: Rund um und in Nordwalde gibt es viele Schützenvereine

Nordwalde ist ein kleines, gemütliches Städtchen

Alte Scheune, alter Trecker – und alles funktioniert noch

RADELN & GENIEẞEN

START

Bahnhof Nordwalde

Man bleibt parallel zu den Gleisen. Es geht abwärts, dann hoch und rechts über die Schienen. An einer alten Scheune steht das erste VSR-Schild. Diesen Schildern folgt man durch Nordwalde. Hier liegt am Brandenburger Tor, einem alten Feuerwehrgerätehaus, der eigentliche Startpunkt der VSR-Route. Von dort über den Krummen Timpen bis zum Bispinghof.

Der romantische Garten des Bispinghofs mit einem Pavillon

KM 5,3

Kulturinsel Bispinghof

Postkartenmotive suchen

Eine kleine Fußgängerbrücke, ein Gartenpavillon und dahinter der schmale, hübsch renovierte alte Speicher: Die Kulturinsel Bispinghof bietet ein wahrhaft schönes Fotomotiv. Ein Spaziergang über das liebevoll angelegte Gelände ist erlaubt. Vielleicht finden sich dort noch weitere Postkartenmotive. Oder man begegnet ein paar der Kunstschaffenden, die in einem der Ateliers des Herrenhauses arbeiten. Die Bürgerstiftung Bispinghof Nordwalde (www.buergerstiftung-bispinghof.de) hat sich das Kulturkonzept für diesen idyllischen Ort ausgedacht und den mehr als 800 Jahre alten Hof erworben, renoviert sowie instand gesetzt. Nur etwa 50 Meter weiter liegt übrigens der erste Schützenplatz der Tour, die Heimat des Bürger- und Schützenvereins Dörper Jungs. Hier kann man eine Vogelstange aus der Nähe betrachten.

Vor dem Pferdehof Lürwer geht es links ab Richtung Gräftenhof Gut Althaus-Evert.

An einigen Bänken sind plattdeutsche Gedichte angebracht

Blick durch die Toreinfahrt von Gut Althaus

KM 6,2

2 Gut Althaus
Das kleine Gräften-Einmaleins lernen

Sie begegnen Radelbegeisterten bei fast jeder Münsterlandtour: Burgen oder Schlösser mit Gräften. Gut Althaus ist weder Burg noch Schloss, doch der bäuerliche Hof hat auch eine Gräfte. Eine Infotafel erklärt, dass es sich um ein ehemaliges Rittergut handelt. Einst war dieses sogar von einer Doppelgräfte umgeben. Davon ist inzwischen aber nur noch der südliche Teil erhalten. Neben der kulturhistorischen Bedeutung erfüllt eine Gräfte auch eine wichtige Aufgabe für die Natur: In den naturnahen Wassergräben, die von Bächen gespeist sind, sowie um sie herum tummeln sich viele Tiere und Pflanzen. Einfach mal auf der Infotafel nachschauen, ob man einen Eisvogel oder Zymbelkraut erkennen würde. Und dann umschauen!

Achtung: 100 Meter hinter dem Gräftenhof geht es laut VSR-Beschilderung rechts ab bis zur Grevener Straße. Hier stattdessen links abbiegen, um die doch sehr privaten Wege auf der Etappe zu vermeiden. Man stößt von alleine wieder auf die VSR-Route und gelangt so zur nächsten Vogelstange.

KM 10,8

3 Vogelstange der Suttorfer Schützen
Gepflegtes Picknick in ebensolcher Umgebung

Vor einer Natursteinmauer steht das glänzende Schild der St. Antonius Bruderschaft Suttorf, die schon seit 1652 existiert. Der Platz rund um die Vogelstange ist aufgeräumt und äußerst gepflegt. Ehrenamtliche kommen regelmäßig vorbei und schauen nach dem Rechten. Sie wässern im Sommer die Blumen und fegen das Herbstlaub beiseite. Auch am benachbarten Kriegerdenkmal. Die Pausenbänke sind aus massivem Holz. Auf ihnen kann man hervorragend eine längere Essenspause einlegen und sich in Ruhe die Vorrichtung für das sommerliche Vogelschießen anschauen. Denn der Kugelfang, in dem der Vogel aus Holz aufgehängt und für das Königsschießen in die Höhe gekurbelt wird, ist für den Rest des Jahres am Boden – und damit gut zu sehen.

Den VSR-Schildern folgen, entlang der Emsdettener Straße fahren, dann links abbiegen. Danach wieder links in den Weg Scheddebrock. Nach einer Weile liegt rechts ein gepflegter Rastplatz.

EIN AUSSER-GEWÖHNLICHER ORT

Eine kleine, moderne Kapelle inmitten der Feldbauerschaft

Die gepflegten Schützenplätze eigenen sich auch gut als Rastplatz

KM 18,2

4 Rastplatz der VSR

Plattdeutsche Vokabeln büffeln

Wie wäre eine Heimatroute ohne Plattdeutsch? Natürlich nur halb so schön. Das haben sich auch die Mitglieder der Katholischen Arbeitnehmer-Bewegung Nordwalde gedacht, als sie vor mehr als 20 Jahren diese regionale Tour ausgearbeitet haben. Und so finden sich an vielen Bänken und Pausenplätzen Schilder mit plattdeutschen Sprüchen des Heimatdichters Augustin Wibbelt. Selbst wenn man nicht besonders sprachbegabt ist, ein paar Wörter kann man schon übersetzen. Man muss sie am besten laut und in ganzen Sätzen vorlesen. Dann wird klar, dass *Moder* übersetzt Mutter bedeutet und dass eine *Bücks* eine Hose ist ...

Weiter den VSR-Schildern folgen, bis rechts die Kapelle der heiligen Schutzpatrone auftaucht.

EXTRA INFOS:

Wenn man den Gräftenhof hinter sich gelassen hat, müsste man laut VSR-Route eigentlich rechts fahren. Die hier vorgestellte Tour führt aber links entlang, da der VSR-Weg zum großen Teil auf Privatgrundstücken verläuft. Wer mag, kann aber einen kleinen Abstecher machen. Zum Beispiel zur ● **Vogelstange Westerode**, die auf einem Hof liegt – und die man vom Radweg aus sehen kann.

KM 23 » ZIEL

Bahnhof Nordwalde

KM 21,6

5

Kapelle der heiligen Schutzpatrone

Kerze anzünden und ins Büchlein schreiben

Hell, freundlich und modern: In der Nordwalder Feldbauerschaft steht eine ungewöhnliche Kapelle. Die Idee, sie zu bauen, kam einem Nordwalder Kegelclub vor etwas mehr als zehn Jahren. Man gründete – wie es ja im ländlichen Raum üblich ist – einen Verein: den Kapellenverein der heiligen Schutzpatrone e. V. Und man setzte die Idee – wie es auch im ländlichen Raum üblich ist – in die Tat um. Nun können alle, die hier vorbeikommen, tagtäglich von Sonnenaufgang bis Sonnenuntergang diese kleine Oase inmitten der grünen Feldbauerschaft betreten und dort beten, eine Kerze für einen Wunsch anzünden oder in ein Buch schreiben, das dort ausliegt.

Weiter den VSR-Schildern nach bis zum Bahnhof.

In der Kapelle der heiligen Schutzpatrone kann man auch Kerzen anzünden

AUF EINEN BLICK

- **Start/Ziel:** Bahnhof Nordwalde
- **Strecke/reine Radelzeit:** 23 km (Rundtour), 1 Std. 45
- **Höhenmeter:** ↗26 m, ↘26 m
- **Wegbeschaffenheit:** Es kann durchaus mal ruckeln, holpern und eng werden.
- **Beste Zeit:** Ganzjährig.
- **Mitnehmen:** Kleingeld für das Kerzen-Anzünden in der Kapelle.

Neuer Graben
Reckenfelder See
ehem. Max-Clemens-Kanal
Vennemannsbach
Bruggemannsbach
3
Vogelstange Suttorfer Schützen
Rösingbach
NICHT VOM WEG ABKOMMEN
Kulturinsel Bispinghof
1
2
Gut Althaus
Vogelstange Westerorde
Nordwalde
Höppenbach
REIN NACH NORDWALDE
Flothbach
P
Wipperbach

DIE RADELPAUSEN

» START
Bahnhof Coesfeld

KM 4
1 Drei-Linden-Höhe
Rundumsicht genießen

KM 12,3
2 Schloss Valar
Beste Aussicht finden

KM 19
3 Ludgerusblick
Die Domtürme von Billerbeck entdecken

14 EIN HOCH AUFS RUNTER

Auf und ab über die sanften Hügel der Baumberge

Der heilige Liudger ist einst zwischen Coesfeld und Billerbeck gewandert. Er muss fit gewesen sein. Denn auf der Liudger-Rundtour gibt's einige Anstiege, viel Wind und bei Sonnenschein kaum Schatten. Trotzdem: Die weite Sicht lohnt jede Anstrengung.

KM 24,3

4 Reinert's Milchtankstelle
Ein regionales Eis essen

KM 33,4

5 Kloster Gerleve
Kleine Runde übers Gelände

KM 40,1

6 Coesfelder Innenstadt
Den Kirchen-Kugeln beim Sprudeln zuschauen

KM 41,2 » ZIEL
Bahnhof Coesfeld

GLEICH ZU BEGINN ...

... weiß man, was diese Rundtour ausmacht: Denn kaum, dass man das Stadtgebiet von Coesfeld verlassen hat, muss man mit seinem Rad erst einmal den Coesfelder Berg bezwingen. Zwar ist er mit 152 Metern nicht wirklich mit einem echten Berg zu vergleichen, doch ins Schwitzen kommt man schon. Wie schön, dass es danach wieder über eine lange Strecke abwärts geht und man sich einfach rollen lassen kann, bis der nächste Anstieg kommt ...

Benannt ist diese Auf-und-Ab-Tour nach dem heiligen Liudger, der sowohl in Coesfeld als auch in Billerbeck seine Spuren hinterlassen hat. So beginnt sie denn auch in Coesfelds Zentrum, an der St.-Lamberti-Kirche direkt am Marktplatz.

Hat man den Coesfelder Berg erreicht, folgt man der Strecke 93/84 Richtung Schloss Valar. Fortan orientiert man sich immer nur an den Hinweisschildern mit der 84. Sobald auch in dieser Region das Knotenpunktsystem eingeführt ist, gibt es sicher auch noch eine leichtere Orientierungsmöglichkeit.

DEN FAHRTWIND IM GESICHT SPÜREN, WENN ES ABWÄRTS GEHT

Egal: Die kleine 84 (gerne auch kombiniert mit anderen Zahlen) ist die Zahl, auf die es ankommt. Und diese führt durch weite Felder und an gepflegten Höfen vorbei. Es gibt zwar Abschnitte, die auch durch kleine Wälder verlaufen, aber die sind äußerst selten. Wenn die Sonne scheint, scheint sie gnadenlos. Auch weht stets ein Wind über die Hügelkämme. Besonders schön: die Bäume, die sich wie an einer Perlenkette vor dem Horizont abzeichnen. Andere Menschen auf Rädern trifft man recht selten. Ausnahmen sind schöne Raststationen wie Reinert's Milchtankstelle.

Nach all den Weitblicken über die sanften Baumberger Hügel ist die Freude über das sich plötzlich eröffnenden Panorama auf das edle Schloss Valar oder das trutzige Kloster Gerleve groß. Für Coesfeld, ein gemütliches kleines Städtchen mit Marktplatz, Einkaufsstraßen und ein paar historischen Gebäuden, sollte man noch ein bisschen Zeit zum Erkunden einplanen.

In den Pflanzstreifen neben den landwirtschaftlich genutzten Flächen blühen auch Sonnenblumen

Wer sich hier niederlässt, muss aufpassen, nicht einzuschlafen

Der Brunnen mit den Kugeln vor der St.-Lamberti-Kirche in Coesfeld

RADELN & GENIEßEN

START

Bahnhof Coesfeld

Zunächst Richtung Innenstadt bzw. Marktplatz, von dort aus rechts in die Münsterstraße, links in die Friedrich-Ebert-Straße und wieder rechts auf die Zufahrt Wahrkamp. Den Fahrradschildern bis zur Wildbahn folgen und dort der Route 93/84 nach. Es geht rechts durch ein Waldstück hinauf zum »Gipfel« des Coesfelder Berges. Ab dem Gabelungspunkt der kleinen Zahl 84 Richtung Varlar folgen.

Die Linden auf dem Aussichtsplatz werfen angenehmen Schatten

KM 4

Drei-Linden-Höhe

1 Rundumsicht genießen

Die größte Anstrengung liegt auf dem Coesfelder Berg erst einmal hinter einem. Noch ein paar Hundert Meter geradeaus, dann folgt die Belohnung: der Aussichtsrastplatz Drei-Linden-Höhe. Von hier aus zeigt sich das Münsterland von seiner sanft-hügeligen Seite. Seit Jahrtausenden prägten Landwirte diese Kulturlandschaft mit weiten Feldern, Hecken und kleinen Wäldern. Unter den Lindenbäumen kann man es sich auf Bänken bequem machen und sich orientieren. Eine runde Platte zeigt die Himmelsrichtungen an. Pfeile weisen auf Orte und Städte, und man erfährt, wie weit entfernt sie von diesem Standpunkt liegen.

Weiter der kleinen 84 Richtung Schloss Valar folgen.

Von dieser Bank aus sieht man in der Ferne die Billerbecker Domtürme

KM 12,3

2

Schloss Valar

Beste Aussicht finden

Zunächst sieht man auf dem Radweg durch den Rosengarten nur Schilf und Sträucher, doch dann erblickt man es plötzlich: das Schloss Valar. Über die Gräfte hinweg bietet es mit seiner hellen Fassade ein wirklich schönes Fotomotiv. Und das muss auch reichen. Denn hinter den historischen Mauern des vor fast 1000 Jahre entstandenen Klosters wohnt eine fürstliche Familie, deren Privatsphäre geachtet werden sollte – egal, wie anziehend die edle Behausung auch ist. Dennoch macht es Spaß, sich immer wieder neue Blickwinkel zu suchen, von denen man das mehrfach erneuerte und modernisierte Gebäude in Augenschein nehmen kann.

Hinter dem Schloss geht es rechts weiter der kleinen 84 nach. Nach einem Stück überquert man die Straße in die Osterwicker Bauerschaften. Links liegt umrahmt von Sträuchern der Pausenplatz Ludgerusblick.

Ein schönes Tor zu einem schönen Schloss – genauer: zum Schloss Valar

KM 19

3

Ludgerusblick

Die Domtürme von Billerbeck entdecken

Geschützt von einem kleinen Dach aus Eichenholz steht die Figur des Heiligen Liudger. Der Heimatverein Osterwick hat diesen gepflegten Platz angelegt. Zwei Bänke laden zu einer kleinen Pause ein. Sie sind so ausgerichtet, dass man die imposanten, 100 Meter hohen Türme des Billerbecker Ludgerusdoms am Horizont erblickt. Wer sich fragt, wie der Heilige, dem diese Radtour ja gewidmet ist, nun richtig heißt – Liudger oder Ludgerus – dem kann man antworten: Beide Schreibweisen sind gebräuchlich. Die eher ans Lateinische angelehnte Schreibweise Ludgerus kam ein bisschen später dazu und lässt sich ein bisschen leichter aussprechen. Beide Bezeichnungen für den ersten Bischof von Münster sind also richtig.

Es geht weiter Richtung Billerbeck. Ein Hinweisschild weist auf die Milchtankstelle am Hof Reinert hin, die zwischen Kuh- und Pferdeweiden liegt.

Das Kloster Gerleve ist eine Benediktinerabtei, in der noch etwa 30 Mönche leben

KM 33,4

5

Kloster Gerleve

Kleine Runde übers Gelände

Auf dem weitläufigen Gelände rund um die Benediktinerabtei (www.abtei-gerleve.de) dreht man eine gemächliche Runde und schreitet zunächst auf die neuromanische Kirche zu. Hier beten und singen die etwa 30 Mönche, die zurzeit im Kloster leben. Viele Menschen kommen und lauschen den Gregorianischen Gesängen der Brüder. Im Biergarten der Klostergaststätte kann man sich mit einem Getränk oder Essen stärken, Kinder freuen sich über den Spielplatz. Die Gästehäuser des Klosters pflegen die alte Tradition benediktinischer Gastfreundschaft. Hier ist man willkommen.

Jetzt ist es nicht mehr weit auf der Rundroute 84. Über den Coesfelder Berg geht es zurück in Coesfelds Innenstadt.

KM 24,3

4

Reinert's Milchtankstelle

Ein regionales Eis essen

Eis aus frischer Milch und vor Ort hergestellt – das bekommt man in Reinert's Milchtankstelle (Hamern 25, Billerbeck). Hinweisschilder zeigen, wo es langgeht. Ein Eisfähnchen weht, und an der angrenzenden Pferdewiese steht ein selbstgeschriebenes Schild mit der Aufschrift: »Eis – regional & lecker«. In einer Kühltruhe liegen die kleinen runden Eistöpfchen, bezahlt wird bar. Die kleine Kasse hängt an der Wand. Beim Essen kann man sich ruhig Zeit lassen, denn gegenüber der Selbstbedienungs-Eisdiele befindet sich ein ehemaliges Back- und Dörrhaus. Es ist schön renoviert und dient als Schutzgebäude für Vorbeikommende.

Weiter auf der Route mit der Nummer 84 Richtung Kloster Gerleve.

Gegen Barzahlung gibt's die kleinen, regionalen Eistöpfchen direkt aus der Kühltruhe

Die Kugeln gehören zum Kunstwerk »Konferenz der Elemente« von Bildhauer Jürgen Goertz

PLÄTSCHERKUNST

KM 40,1

6 Coesfelder Innenstadt

Den Kugeln beim Sprudeln zuschauen

KM 41,2 » ZIEL

Bahnhof Coesfeld

Natürlich muss diese Tour an einem Gebäude enden, mit dem der Heilige Liudger zu tun hatte. Die St.-Lamberti-Kirche auf dem Coesfelder Marktplatz geht auf den ersten Bischof von Münster zurück. Liudger ließ einst an dieser Stelle eine Holzkirche errichten. Inzwischen ist daraus eine steinerne spätgotische Hallenkirche geworden. Ins Auge fällt der Brunnen vor dem kirchlichen Bauwerk. Dort plätschert Wasser aus und über fünf Kugeln verschiedener Größe. Sie gehören zum Kunstwerk »Konferenz der Elemente«, das der Heidelberger Bildhauer Jürgen Goertz im Jahr 1990 geschaffen hat. Wenn man sich in einem der Cafés am Marktplatz niederlässt, kann man es in aller Ruhe betrachten – und deuten. Denn die Interpretation seines Werkes lieferte der Künstler nicht mit.

Jetzt den Hinweisschildern zum Bahnhof folgen.

Einst ließ der Heilige Liudger hier eine Holzkirche errichten, inzwischen steht hier die steinerne Lamberti-Kirche

Osterwick
Holtwick
Varlaer Mühlenbach
Dinkel
Schloss Valar
2
Höven
GANZ SCHÖN GRÜN
Berkel
NSG
B 474
Rambach
Naturpark Hohe Mark • Westmünsterland
NSG
NSG
Haus Loburg
1
Aussichtsrastplatz Drei-Linden-Höhe
St. Lamberti und Innenstadt Coesfeld
6
AUFWÄRTS GEHT'S!
Coesfeld
Berkel
NSG
START & ZIEL
Bahnhof Coesfeld
Honigbach
0
1
2 KM
B 525

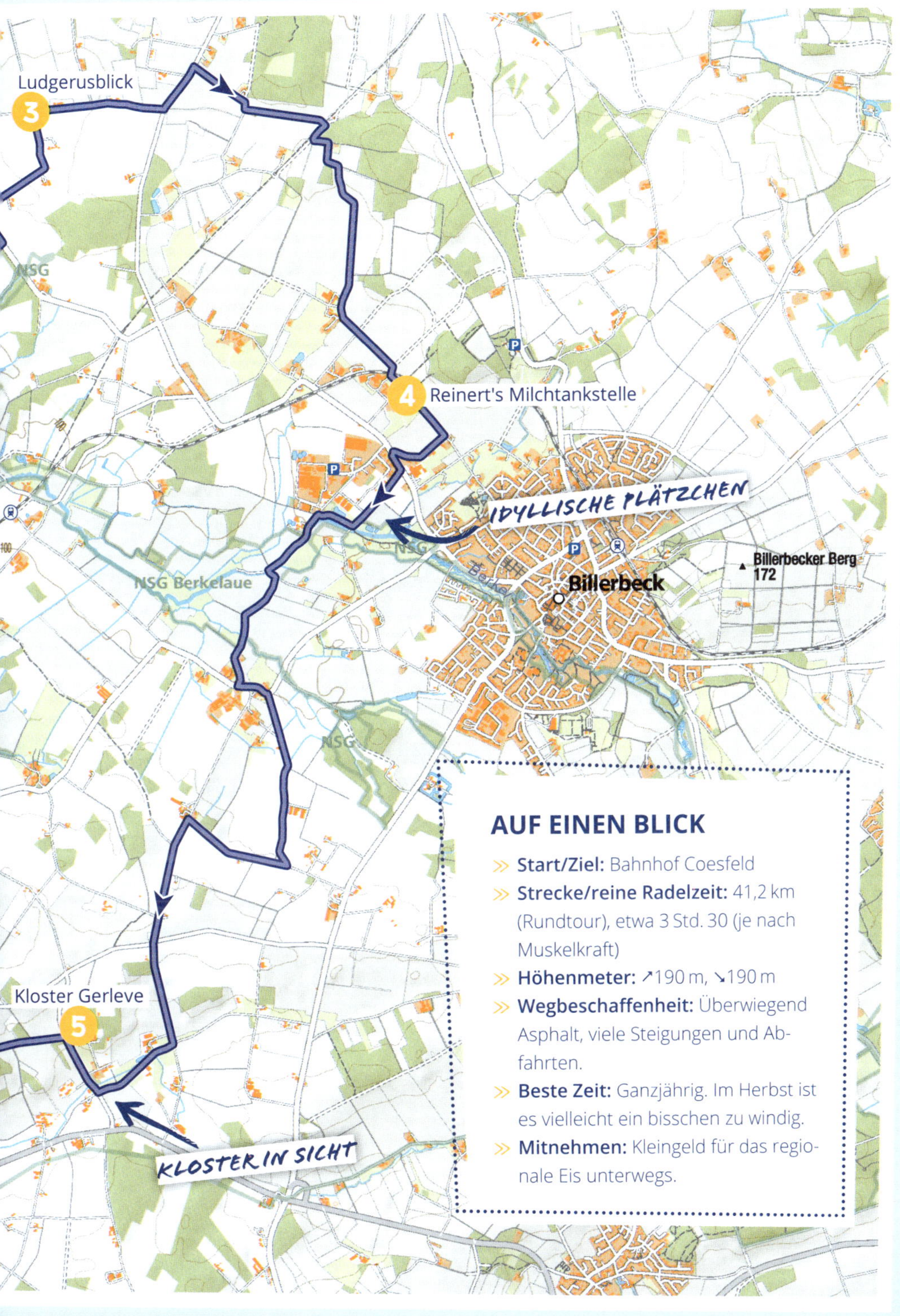

AUF EINEN BLICK

- **Start/Ziel:** Bahnhof Coesfeld
- **Strecke/reine Radelzeit:** 41,2 km (Rundtour), etwa 3 Std. 30 (je nach Muskelkraft)
- **Höhenmeter:** ↗190 m, ↘190 m
- **Wegbeschaffenheit:** Überwiegend Asphalt, viele Steigungen und Abfahrten.
- **Beste Zeit:** Ganzjährig. Im Herbst ist es vielleicht ein bisschen zu windig.
- **Mitnehmen:** Kleingeld für das regionale Eis unterwegs.

DIE RADELPAUSEN

» START
Bahnhof Bocholt

KM 5,8
1 Hemden
Von der Hölle in den Kreuzweg

KM 13,7
2 Karpermeer
Pommes spezial essen

KM 20,2
3 Aalten
Stadtbummel auf Holländisch

15 KURZ RÜBER ZUM NACHBARN

Von Bocholt durchs niederländische Achterhoek

Auf dieser Münsterland-Holland-Tour kommt man an friedlichen Kuhherden und fröhlichen Einkehrmöglichkeiten vorbei. Schmale Pfade und breite Feldwege wechseln sich ab, charmante Rastplätze liegen an der Strecke. Zahlen des Knotenpunktsystems weisen den Weg.

KM 30,1

4 Schöne Sitzecke
Ins Gästebuch schreiben

KM 32

5 Theetuin Rensink
Durch den Teegarten flanieren

KM 44

6 Eßingholt
Kaltgetränk aus dem Kühlschrank nehmen

KM 49 » ZIEL

Bahnhof Bocholt

DAS VORURTEIL STIMMT!

Die Niederländer sind fahrradverrückt. Und ihr Fietsenkult (*Fietse* heißt übersetzt: Fahrrad) schlägt sich auch auf das quirlige deutsche Grenzstädtchen Bocholt nieder. Breite Radwege, Hinweisschilder, Fahrradspuren auf den Autostraßen – hier, im äußerst westlichen Münsterland, sind Zweiräder ganz offensichtlich willkommen.

REIFE BROMBEEREN AM WEGESRAND PFLÜCKEN UND GENÜSSLICH IM MUND ZERGEHEN LASSEN

Schön für Radelbegeisterte: Das in den Niederlanden längst etablierte Knotenpunktsystem ist auch in Bocholt zu finden. Bereits vorhandene Hinweisschilder wurden um Zahlen ergänzt, die den richtigen Weg zeigen. Für diese Tour muss man sich also lediglich folgende Nummernkombination notieren (oder abfotografieren) – und eine Zahl nach der anderen abradeln: 55 – 37 – 40 – 29 – 72 – 25 – 47 – 46 – 44 – 65 – 43 – 59 – 60 – 27 – 28 – 39 – 38 – 47 – 43 – 55. Klingt vielleicht kompliziert, ist aber kinderleicht. Vor allem in Holland entdeckt man überall die kleinen Zahlen – allerdings eher in niedriger Höhe angebracht. In Deutschland sieht man sie auf den weiß-roten Schildern in luftiger Höhe. Folgt man einer Zahl, orientiert man sich danach an den kleinen Fahrradschildern – ebenfalls in rot-weiß.

So viel zur Theorie. In der Praxis macht diese Tour in die Nachbarschaft richtig Laune. Nie weiß man, was einen an der nächsten Biegung erwartet. Die Wege sind oft ein bisschen herausfordernd. Das heißt: Bei Fahrrad-Gegenverkehr muss man durchaus mal absteigen, weil der Pfad sonst zu eng wird. Es ist sandig, buckelig, aber immer schön!

Die Einkehrmöglichkeiten an der Strecke sind ganz auf Familien und Spaß ausgerichtet. Sie muten manchmal an wie Mini-Freizeitparks. Während sich die Eltern ausruhen, können die Kids Spielgeräte austesten, mit der Bimmelbahn fahren oder auf Luftkissen hüpfen.

Trotzdem radelt man danach wieder ganz entspannt an riesigen Kuhweiden und großen Gehöften vorbei. Es duftet – natürlich – nach Vieh und Mist und Landleben. Man kann sich Weinreben neben dem Wijngut Hennepe mitten im Achterhoek anschauen oder am Wegrand Brombeeren pflücken. In jedem Ort, den man erreicht, sind Cafés oder Gaststätten geöffnet. Proviant zu vergessen, ist auf dieser Rundtour wahrlich kein Problem. «

Ein Schrank voller Krimskrams, den man kaufen kann

Schöne Hingucker am Wegesrand: Flowerpower in Gelb

Mitten durch Bocholt geht's Richtung Kirche

RADELN & GENIEßEN

Bahnhof Bocholt

Ab dem Bahnhof erst einmal mitten durch die Stadt zu den Knotenpunkten 55 und dann 37. Von dort Richtung 40 leicht rechts halten. Auch an der Gabelung, an der es links weiter auf der Straße namens Hölle geht.

Eine Tafel des Kreuzwegs am Ackerrand

KM 5,8

1 Hemden

Von der Hölle in den Kreuzweg

Die Kreuzkirche von Hemden als Fotomotiv auf einer Bank

Wahrscheinlich ist es der Widerspruch, der einen fast schon automatisch anhalten lässt. An einer Straßengabelung zwischen den Knotenpunkten 37 und 40 steht ein Bildstock mit Marienbildnis und Kreuz. Links daneben verläuft ein Weg mit dem Namen Hölle. Radelt man weiter, kommt man an einem Kreuzweg vorbei, der am Feldrand aufgebaut ist und dessen Fortsetzung man rund um die Kreuzkapelle am Ortseingang des kleinen Dorfes Hemden findet. Die Kirche sieht schlicht und bescheiden aus und so ganz und gar nicht nach dem katholischen Münsterland. Sie diente einst als Missionskapelle für die Niederländischen Katholiken aus Aalten und Bredevoort.

Ab Knotenpunkt 40 geht es weiter über 29, 72 und 25. Hier befindet man sich schon in den Niederlanden. Zwischen Knotenpunkt 25 und 47 liegt das Bistro Karpermeer am gleichnamigen Fischteich.

Auf niederländisch sagt man »Patat Speciaal« zu dieser Portion Pommes spezial

2 Karpermeer

Pommes spezial essen

Im Bistro Karpermeer (karpermeer.nl) gibt es gleich zwei Möglichkeiten der Pausengestaltung. Eilige können sich vorne im Imbiss eine typisch niederländische Pommes spezial (Patat Speciaal), Milchshakes oder ein Softeis bestellen, alle anderen setzen sich in den direkt am Wasser gelegenen Terrassengarten und bestellen á la carte. Wer sich darauf verlässt, dass die Bedienungen im Grenzgebiet Deutsch sprechen, könnte falsch liegen. Also ruhig die Übersetzungs-App nutzen. Alternativ versucht man es einfach auf Englisch – oder mit Händen und Füßen. Das Karpermeer ist bei holländischen Motorradfahrer:innen und Radler:innen wegen der schönen Lage sehr beliebt. Am Wochenende kann es also durchaus etwas voller werden.

Der Knotenpunkt 46 liegt mitten in der niederländischen Stadt Aalten.

KM 20,2

3 Aalten

Stadtbummel auf Holländisch

Aalten ist ein kleines Städtchen, in dem man gut ein bisschen Zeit verbringen kann. Im Zentrum, nahe der Kirche St. Helena, befinden sich einige gastronomische Betriebe, in denen immer etwas los ist. Wenn man also im Karpermeer nur einen Shake getrunken hat, kann man sich dort stärken. Oder man umrundet die Kirche, schlendert an den schönen Marktplatzhäusern entlang oder geht in der Altstadt auf Entdeckungstour. Vielleicht begegnet einem dabei ja der berühmteste Einwohner Aaltens: Angus Young, Kult-Gitarrist der Band AC/DC, besitzt hier ein recht großes Haus.

Von Aalten aus radelt man zu den Knotenpunkten 44, 65, 43. Zwischen den Punkten 43 und 59 quert man die Bahnschienen, dann geht es scharf links ein kurzes Stück auf dem Gendringseweg entlang und rechts in den Akkermateweg. Dort stößt man nach wenigen Metern rechts auf eine idyllische Sitzgruppe.

In Aalten findet man einige schöne Kneipen und Gaststätten

An diesem liebevoll gestalteten Platz kann man in ein Büchlein schreiben

KM 30,1

4 Schöne Sitzecke

Ins Gästebuch schreiben

Ein kleiner runder Tisch, dazu ein paar unterschiedliche Stühle, ein Blumenstrauß in einer Milchkanne und eine durchsichtige Plastikschachtel, in der ein Buch liegt. Hier kann man zwar eine ganz normale Pause machen, aber gern auch ein paar nette Zeilen auf die Seiten schreiben. Fällt einem nicht gleich ein passender Text ein, lutscht man am besten erst einmal in Ruhe eines der beigelegten Bonbons. An diesem bezaubernden Platz darf man sich sehr viel Zeit nehmen, um eine Nachricht für diejenigen zu verfassen, die als Nächstes hier vorbeikommen, oder den Menschen zu schreiben, die diesen Platz so liebevoll gestaltet haben.

Man hält sich weiter Richtung Knotenpunkt 59. Rechts steht ein Schild zum Theetuin Rensink, dem nächsten Zwischenstopp.

KM 32

5 Theetuin Rensink

Durch den Teegarten flanieren

Ist es nun ein Bistro, ein Teehaus, ein Café, eine Gärtnerei, ein verwunschener Garten? Oder einfach alles und dazu noch eine wirkliche Oase der Ruhe und Schönheit? Im Teegarten Rensink (theetuinrensink.nl) sollte man all seine Sinne auf Empfang stellen. Es duftet nach Blumen und Sträuchern, Bienen summen, und leise hört man die Teelöffel ans Porzellan schlagen. Blätter streichen sacht die Arme, wenn man sich durch den Weg hinter der Terrasse schlängelt, und das Auge findet immer wieder schöne Bilder, die es sich lange anschauen will. Noch dazu sind die Betreiber des Theetuin wirklich nett, dazu macht die Selbstbedienung den Besuch unkompliziert.

Weiter Richtung Bocholt zurück über die Knotenpunkte 60, 27, 28, 39, 38, 47 und 43. Links zweigt der Weg Am Bildstock ab, man bleibt geradeaus auf der Straße Wollstegge. Dort liegt das Bauerncafé Eßingholt.

Der Teegarten Rensink ist eine wahre Natur-Oase

Im sechseckigen Kiosk kann man kühle Getränke, aber auch Deko kaufen

KIOSK KUNTERBUNT

KM 44

6 Eßingholt

Kaltgetränk aus dem Kühlschrank nehmen

KM 49 » ZIEL

Bahnhof Bocholt

Ein paar Hühner laufen frei herum, eine alte Tür lehnt an einem Baumstamm, ein nicht mehr fahrtüchtiges gelbes Fahrrad steht hinter einer bepflanzten Zinkwanne. Es ist offensichtlich: Vor dem Bauerncafé Eßlingholt (www.bauerncafe-essingholt.de) wird viel Wert auf ländliches Idyll gelegt. Im sechseckigen Kiosk ist die Tür geöffnet. Es gibt viel zu sehen und zu kaufen. Deko, Genähtes, Eis, Donuts oder kühle Getränke. Draußen kann man auf Picknickbänken Platz nehmen und sich noch ein bisschen umschauen. So entdeckt man ein weiteres rostiges Fahrrad, das zu Dekorationszwecken am Weidezaun lehnt, einen alten Herd und bunte Kannen.

Jetzt geht es weiter Richtung Knotenpunkt 55, der in Bocholt liegt. Von dort zum Bahnhof.

Dieses Fahrrad fährt zwar nicht mehr, ist aber schön anzuschauen

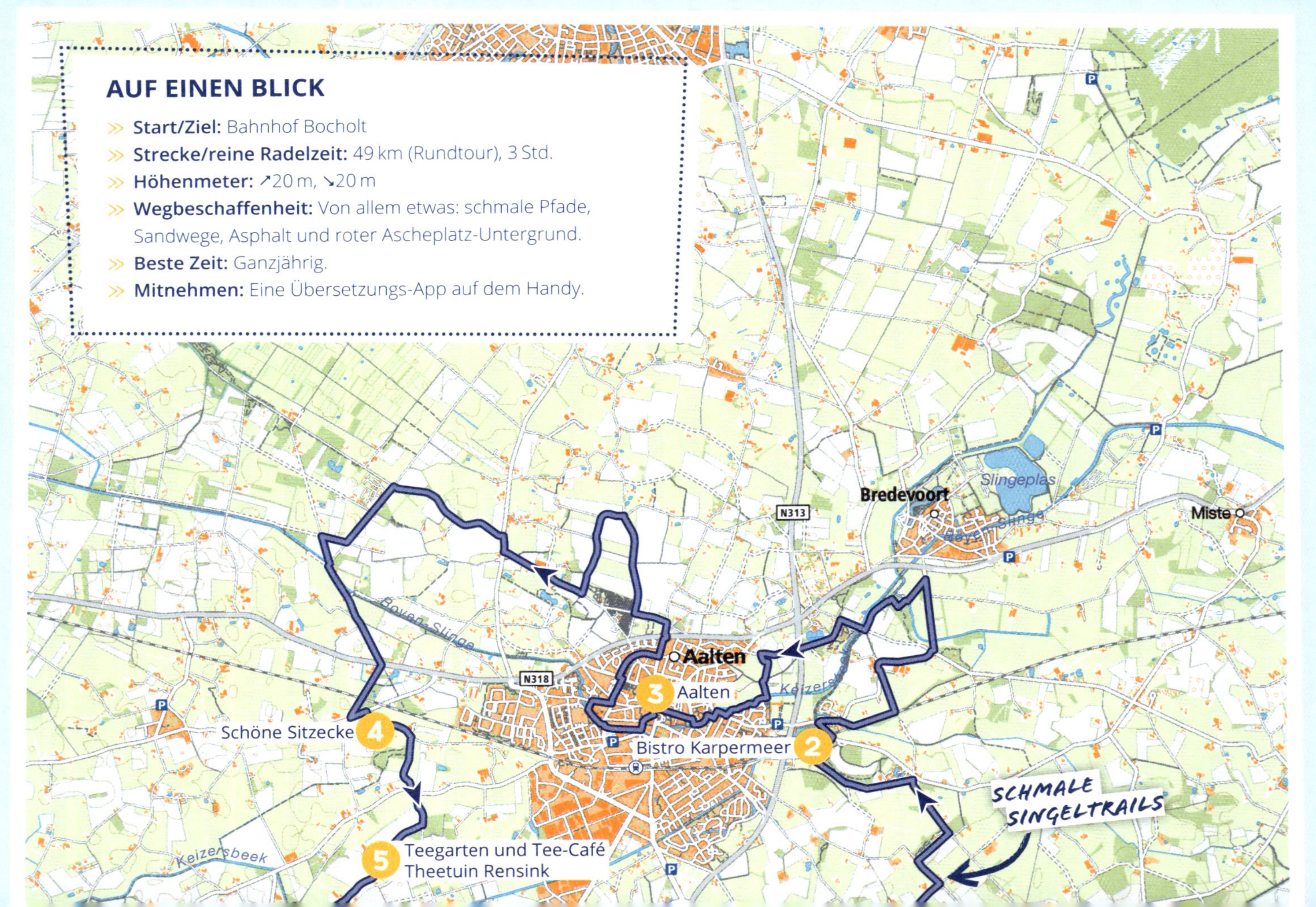
AUF EINEN BLICK
Start/Ziel: Bahnhof Bocholt
Strecke/reine Radelzeit: 49 km (Rundtour), 3 Std.
Höhenmeter: ↗20 m, ↘20 m
Wegbeschaffenheit: Von allem etwas: schmale Pfade, Sandwege, Asphalt und roter Ascheplatz-Untergrund.
Beste Zeit: Ganzjährig.
Mitnehmen: Eine Übersetzungs-App auf dem Handy.
Bredevoort
Slingeplas
Miste
N313
Aalten
3 Aalten
N318
Boven-Slinge
4 Schöne Sitzecke
2 Bistro Karpermeer
5 Teegarten und Tee-Café Theetuin Rensink
Keizersbeek
SCHMALE SINGELTRAILS

Niederlande
Deutschland
Geldern
Nordrhein-Westfalen
GRENZÜBERSCHREITUNG
L 602
Reyerdingsbach
Barlo
ZURÜCK IN DEUTSCHLAND
Schloss Diepenbrock
1 Hemden Kreuzkapelle
Wielbach
Spork
Holtwicker Bach
HOLTWICK
Haus Büning
STENERN
6 Bauerncafé und Kiosk Eßingholt
NSG
Bocholter Aa
FAHRRADFREUNDLICHE STADTWEGE
Bocholt
START & ZIEL Bocholt Bahnhof
Aasee
LOWICK
FELDMARK
Liedem
0
1
2 KM
N

DIE RADELPAUSEN

» START
Bahnhof Ibbenbüren

KM 5,5
1 Ibbenbürener Aa
Den Kiebitzen lauschen

KM 8,6
2 Kloster Gravenhorst
In aller Ruhe frühstücken

KM 11,8
3 Das Nasse Dreieck
In die Kanalgeschichte eintauchen

16 DAS STEILE KOMMT ZUM SCHLUSS

Ab Ibbenbüren zum Kanaldreieck und den Dörenther Klippen

Flach, steil, einsam, quirlig, Kultur, Natur: Diese Runde vereint so einiges, was man sich von einer abwechslungsreichen Radtour erhofft. Sie führt am Kloster Gravenhorst vorbei, an zwei Kanälen entlang und zur Felsformation »Das hockende Weib«.

KM 32,6

5 Ibbenbürener Kirchplatz

Ein Kühles zum Abschluss trinken

KM 26,2

4 Das hockende Weib

»Ich sehe was, was du nicht siehst« spielen

KM 33 » ZIEL

Bahnhof Ibbenbüren

DAS MÜNSTERLAND KANN AUCH STEIL, ...

... zumindest, wenn man sich auf eine Radtour begibt, die ein kleines Stückchen des Teutoburger Waldes quert. Und so kommt es, dass diese Kloster-Kanal-Klippen-Rundtour ab Ibbenbüren durchaus auch mal die Radler-Waden zum Glühen bringen kann.

Doch bevor es bergauf geht, geht es erst einmal ins Kloster. Es heißt Gravenhorst und lohnt eine längere Pause im bezaubernden Klostergarten. Spannend nicht nur für Freunde hoher Ingenieurskunst ist der Streckenabschnitt entlang des sogenannten Nassen Dreiecks. An diesem Wasserstraßendreieck zweigt bei Kilometer 108,35 der Mittellandkanal vom Dortmund-Ems-Kanal ab. Hier radelt man entspannt entlang verschiedener Infotafeln, Brücken und Schleusen bis zu einem weiteren Hingucker am Wegrand: der Surenburg. Danach bleibt es zunächst flach und nass: Eine längere Etappe verläuft entlang des Dortmund-Ems-Kanals. Fast schon möchte man sich beschweren, dass es ein bisschen sehr lang geradeaus geht, da nähert man sich auch schon dem »schwierigeren« Teil der Tour.

IM WEITLÄUFIGEN KLOSTERGARTEN GRAVENHORST KOMMT MAN PERFEKT ZUR RUHE

Schon aus der Ferne sieht man die Hügel des Teutoburger Waldes. Bald schon geht es ein bisschen aufwärts. Dann erblickt man eine seltsame Felsformation inmitten des Waldes. Sie wird »Das hockende Weib« genannt. Zum Glück muss man nicht bis zur steinernen Dame hinaufradeln, doch schon das Stück unterhalb hat es in sich. Sandboden gepaart mit einer starken Steigung sorgen dafür, dass manche Radelnde ein bisschen schieben müssen.

Danach geht es mit Schwung abwärts an der legendären Sommerrodelbahn vorbei, die einen Aufenthalt wert ist, wenn Kinder bei der Tour dabei sind.

Der Start- und Zielort Ibbenbüren hat übrigens eine lebendige Innenstadt mit schönen Cafés und Restaurants rund um kleine Plätze und die Kirche zu bieten. Also: Belohnungspause am Schluss!

«

Bronzeskulpturen vor der Kirche in Ibbenbüren

Was für ein Entrée in diesen Waldweg

Die alte Mühle neben dem Kloster Gravenhorst

RADELN & GENIEßEN

START

Bahnhof Ibbenbüren

Vom Bahnhof aus radelt man Richtung Innenstadt. Dort dann zunächst Richtung Hörstel. Sobald man dann eine 2/10 an den Hinweisschildern entdeckt, geht's dort entlang zur Ibbenbürener Aa.

KM 5,5

1 **Ibbenbürener Aa**

Den Kiebitzen lauschen

Auf einem breiten Asphaltweg folgt man dem geraden Verlauf der Ibbenbürener Aa. Nein, besonders spannend ist es hier auf den ersten Blick nicht. Trotzdem sollte man die Augen aufhalten. Denn auf diesem Anfangsabschnitt der Tour gibt's durchaus den ein oder anderen Vogel zu entdecken. Fischreiher stehen geduldig da und warten auf den richtigen Moment, um einen kleinen Fisch zu erwischen, und auf den Wiesen rechts des Wegs wurde Lebensraum für die immer seltener werdenden Kiebitze geschaffen. Während der Balzzeit im März und April stehen die Chancen besonders gut, dass man ihren typischen »Kiiii-witt«-Ruf hören kann. Auch die Feldlerche mag diese feuchten Rückzugsgebiete, die nicht mehr bewirtschaftet werden.

Immer den Fahrradschildern folgen und auf die kleine 10 achten, dann kommt man zum Kloster Gravenhorst und der dazugehörigen Mühle.

Kann lange stillhalten, bevor er zuschlägt: ein Fischreiher

Alte Grabplatten an der Klostermauer

Hohe Schleusendichte herrscht am Nassen Dreieck

NASSES DREIECK

KM 8,6

2 Kloster Gravenhorst

In aller Ruhe frühstücken

Die Entstehungsgeschichte des Klosters klingt fast wie der Anfang eines spannenden Mittelalter-Familienepos: So gründeten Ritter Konrad und seine Frau Amalgarde von Budde im Jahr 1256 das Kloster und gaben noch ein Landgut, einen Fischteich sowie Wälder und Wiesen dazu. Und wer war die erste Äbtissin? Ihre einzige Tochter Oda! Natürlich ist seitdem sehr, sehr viel passiert. Das Kloster wurde immer wieder umgebaut, zum Teil zerstört und während des Dreißigjährigen Krieges fast zwanzigmal geplündert. Zum Glück sind diese wilden Zeiten vorbei, und man kann diesen Ort der Einkehr einfach nur genießen. Ein schöner Klostergarten mit lauschigen Sitzmöglichkeiten lädt zum friedlichen Frühstück mit Blick auf die alten Gemäuer und Obstbäume ein. Vorher kann man noch alte Grabsteine bestaunen. Veranstaltungen und weitere Infos unter: www.da-kunsthaus.de

Ein kurzes Stück geht es an einer Straße entlang, dann überquert man den Mittellandkanal und fährt links auf das Nasse Dreieck zu. Der Weg trägt nun die Zahlen 9/10.

KM 11,8

3 Das Nasse Dreieck

In die Kanalgeschichte eintauchen

Schleusen, Kanäle und Brückenbauwerke faszinieren die Menschen seit jeher. Vielleicht, weil für ihren Bau höchste Ingenieurskunst nötig ist. Besonders spannend ist deshalb auch das sogenannte »Nasse Dreieck« bei Hörstel-Bergeshövede. An diesem wichtigen Knotenpunkt der Binnenschifffahrt zweigt der Mittellandkanal vom Dortmund-Ems-Kanal ab und durchquert den nordwestlichen Ausläufer des Teutoburger Waldes durch die Gravenhorster Schlucht. In einer Art offenem Tunnel auf Stelzen hängen Informationstafeln zur Geschichte des Dortmund-Ems-Kanals. Geht man bis zum Ende, kann man durch ein riesiges Fenster auf das Wasser der beiden Kanäle schauen.

Achtung: Auf der Strecke durch Bevergern fehlt die 10 als Hinweis, dort Richtung Saerbeck halten. Nachdem man Schloss Surenburg passiert hat und ein langes Stück am Dortmund-Ems-Kanal entlanggeradelt ist, kommt man durch ein Waldstück und schließlich links auf einen Weg neben einer Autostraße. Von hier aus kommen die Hänge des Teutoburger Waldes in Sicht. Schließlich biegt man rechts ab und folgt der Zahl 10 weiter aufwärts.

Aus der Ferne: die Felsformation »Hockendes Weib«

KM 26,2

4 Das hockende Weib

»Ich sehe was, was du nicht siehst« spielen

Anstrengender Weg, schöner Weg

Wenn die Felsformation »Das hockende Weib« am Hang des Teutoburger Waldes vor einem auftaucht, sollte man anhalten und schauen. Die Legende besagt, dass dort einst eine Mutter ihre Kinder auf die Schulter nahm, um sie auf dem Kamm des Teutoburger Waldes vor einer nahenden Sturmflut zu schützen. Sie betete voller Angst: »Herr, ich will wohl sterben, aber rette meine Kinder!« Und so geschah es: Sie wurde zu Stein, die Kinder überlebten. Aber erkennt man diese Mutter in den Felsen? Sehen die Steine nicht doch eher aus wie ein Wildschwein und ein Turm? Eine gute Gelegenheit zum »Ich sehe was, was du nicht siehst«-Spielen. Vielleicht erschafft man sich so seine eigene Radtouren-Legende, bevor man sich dann auf die anstrengendste Etappe begibt.

Nach dem Anstieg geht es abwärts Richtung Ibbenbüren. Weiterhin immer der kleinen 10 in die Innenstadt folgen.

Ibbenbüren bietet am Ende der Tour reichlich Auswahl an Kneipen und Gaststätten

EXTRA INFOS:

Die ● **Sommerrodelbahn Ibbenbüren** versprüht immer noch den Charme der 1970er Jahre. Wer mit Kindern unterwegs ist, könnte hier einen etwas längeren Stopp einlegen und durch den Märchenwald spazieren oder mit den Schlitten auf Schienen den Berg hinabrutschen: www.sommerrodelbahn.de.

Taucher, Ausflügler und Gartenfreunde, die sich einen Teich anlegen wollen, sollten dem ● **NaturaGart-Park** einen Besuch abstatten. Von Mai bis September ist der Park ein wahres Blumenmeer und erinnert mit seinen 77 Inseln, einem Gewirr von Wasserwegen und Dutzenden von Seerosen-Sorten an eine Landschaft im Spreewald: www.naturagart.de

KM 32,6

5 Ibbenbürener Kirchplatz

Ein Kühles zum Abschluss trinken

Kleine Plätze, Brunnen, Geschäfte, Cafés, Restaurants, Bistros und alte Häuser. Ibbenbüren ist eine hübsche und lebendige Stadt, durch die es sich zu bummeln lohnt. Der Aasee und die umliegenden Freizeitattraktionen wie die Sommerrodelbahn, ein Kletterpark und die Wanderwege rund um die Dörenther Klippen machen die Stadt am Rande des Teutoburger Waldes zum beliebten Ausflugsziel für Menschen, die gerne Action und Bewegung haben – die sich aber auch einfach mal entspannen möchten. Also kann man sich hier nach geradelter Tour einfach in die Kneipe am Kirchplatz setzen und mit ausgestreckten Beinen ein kaltes Getränkt genießen. Prost! (www.kneipe-am-kirchplatz.de)

Jetzt geht es den Hinweisschildern nach zurück zum Bahnhof.

KM 33 » ZIEL

Bahnhof Ibbenbüren

Der Name ist Programm: Diese Kneipe am Kirchplatz heißt auch »Kneipe am Kirchplatz«

Hörstel
Klärteich
Püsselbüren
Mittellandkanal
Kloster Gravenhorst
2
AB DURCH DEN WALD
Ibbenbürener Aa
1
Der Huckberg
95
3
Das Nasse Dreieck
Bergeshöveder Berg
118
BEVERGERN
NSG
Riesenbecker Berg
133
Dortmund-Ems-Kanal
Lagerberg
128
SCHLOSS IN SICHT
Birgter Berg
132
Riesenbeck
Schloss
Surenburg
KANALWEG MIT
TEUTO-AUSSICHT
Birgte
N
0
1
2 KM

AUF EINEN BLICK

» **Start/Ziel:** Bahnhof Ibbenbüren

» **Strecke/reine Radelzeit:** 33 km (Rundtour), 3 Std. (wegen des Anstiegs)

» **Höhenmeter:** ↗71 m, ↘71 m

» **Wegbeschaffenheit:** Überwiegend glatter Asphalt, bei den Dörenther Klippen sandiger Waldboden.

» **Beste Zeit:** Ganzjährig. Im März kann man am besten nach Kiebitzen Ausschau halten.

» **Mitnehmen:** Fernglas, um die Kiebitze auf den Feuchtwiesen neben der Aa zu entdecken.

DIE RADELPAUSEN

» START
Bahnhof Borken

KM 15,1
1 Düwelsteene
Am Megalithengrab picknicken und Steine zählen

KM 24,8
2 Artesischer Brunnen
Die Füße kühlen

KM 26,6
3 Gut Ross
Kurze Zeitreise

17 TEUFEL, STEINE, KÜHLE FÜßE

Borkener Runde zu Düwelsteenen und Wassertretbecken

Diese Tour von Borken über Heiden, Velen, Ramsdorf und Gemen besticht vor allem durch die tollen Zwischenziele am Weg: das Steinkammergrab Düwelsteene, ein artesischer Brunnen mitten im Wald und am Ende noch die trutzige Burg Gemen.

KM 28,4
4 Schloss Velen
Eine Bank besetzen

KM 40,1
5 Altenas Eiskiste
Eis essen

KM 42
6 Jugendburg Gemen
Eine Runde um die Burg

KM 44 » ZIEL
Bahnhof Borken

GEMÜTLICH ROLLEN DIE RÄDER ...

... über den Asphalt der Feldwege, man passiert Maisfelder, Bauernhöfe und nur ab und zu kleine Waldabschnitte. Schon denkt man sich: Dieser Rundweg ab Borken könnte ruhig ein kleines bisschen spannender und landschaftlich aufregender sein. Doch dann wechselt plötzlich der Untergrund von glatt auf sandig, es duftet statt nach Bauernhof nach Kiefernholz, und mitten im Wald erblickt man auf einer leichten Anhöhe ein uraltes Steinkammergrab an einem schönen Pausenplatz.

WENN DIE NACKTEN FÜSSE INS KALTE WASSER DES TRETBECKENS EINTAUCHEN, IST DAS DIE PURE ENTSPANNUNG

Einen ähnlichen Stimmungswechsel erlebt man später, an einer anderen Stelle der Route: Gerade ist einem warm. Die Sonne brennt, denn viel Schatten gibt es nicht an der Strecke. Da glitzert plötzlich rechts in einem kleinen Wäldchen die Wasseroberfläche eines durch eine Quelle gespeisten Kneipptretbeckens. Natürliche Abkühlung to go sozusagen, idyllisch gelegen unter Bäumen.

Später erradelt man sich einen Blick auf Schloss Velen, verpasst fast die Burg Ramsdorf, bevor man zum Schluss der Tour auch noch mit der trutzigen Burg Gemen einen kleinen Hingucker geliefert bekommt.

Man kann also mit Sicherheit feststellen: Diese Tour hat sehens- und erlebenswerte Zwischenziele. Sie bietet Historisches, Burgenromantik, Naturphänomene und sogar 4000 Jahre alte Megalithen. Dass die Münsterländer Parklandschaft zwischen all diesen Highlights ein bisschen reizarm ist, sorgt im Grunde genommen nur für das rechte Gleichgewicht: Entspannung hier, Spannung dort!

Außerdem ist die Route dank des ausgeklügelten und gerade erst installierten Knotenpunktnetzes wirklich leicht zu finden: Hier die Glückszahlen für diese Borken-Tour: 61 – 33 – 39 – 38 – 27 – 65 – 67 – 70 – 71 – 72 – 71 – 73 – 32 – 74 – 56. Am besten einfach abschreiben und sich von Borkens Tourist-Info aus von Zahl zu Zahl hangeln. «

RADELN & GENIEßEN

START

Bahnhof Borken

Vom Bahnhof erst einmal zur Touristen-Information in die Innenstadt (Hinweisschilder direkt am Bahnhof). Dann zu den Knotenpunkten 61, 33, 39, 38, 27, 65. Nachdem man durch das Örtchen Heiden gefahren ist, geht es in den Wald Richtung 67. Links liegen leicht erhöht die Düwelsteene.

Auf Infoblöcken steht geschrieben, dass ein Megalithengrab ungefähr 5000 Jahre alt ist

KM 15,1

1

Düwelsteene

Am Megalithengrab picknicken und Steine zählen

Laut Legende hat der Teufel die Steine an diese Stelle gebracht

Auch wenn sie nicht mehr genau so daliegen, wie sie die Menschen vor 5000 Jahren unter großen Anstrengungen platziert haben – immer noch faszinieren die großen Steine des Megalithengrabes. Sie erstrecken sich unter einem Baum auf etwa elf Metern Länge und 4,5 Metern Breite. Während man sein Frühstückspicknick an einem der Pausenplätze einnimmt, kann man sich dieses frühgeschichtliche Relikt vergangener Zeiten in Ruhe anschauen. Und man kann Steine zählen

Wetten, dass nicht immer dieselbe Zahl dabei herauskommt? Der Grund ist leicht erklärt: Der Teufel, der laut Legende einst die Steine in einem Sack hierher transportiert hat, stibitzt sich immer mal wieder einen.

Weiter geht's über die Knotenpunkte 67 und 70 Richtung 71. Beim Knotenpunkt 70 links, dann nach der Überquerung der A 31 rechts, dann wieder links. Rechts liegt in einem kleinen Wäldchen der Brunnen.

KM 24,8

2 Artesischer Brunnen

Die Füße kühlen

Selbst wenn man auf der Tour sonst kaum Menschen trifft, hier kann sich das durchaus ändern. Der idyllisch gelegene Rastplatz neben dem Naturschutzgebiet Schwarzes Venn ist ein beliebter Treffpunkt für Kneipp-Freunde. Das Besondere an diesem artesischen Brunnen unter Bäumen: Frisches, glasklares Wasser tritt durch eine Quelle immer wieder aus eigener Kraft nach oben und füllt die in Natursteine eingefassten Tretbecken – ein seltenes Naturphänomen. Also sollte man hier einfach mal die Füße im kalten Wasser abkühlen und den Kreislauf in Schwung bringen! Mehrere Bänke laden zur anschließenden Ruhepause ein.

Weiter geht's auf dem Radweg Richtung Knotenpunkt 71. Es dauert nicht lange, dann kommt auf der rechten Seite eine alte Mühlenanlage in Sicht.

Der Naturbrunnen mit dem eiskalten Wasser ist ein Treffpunkt für Kneipp-Freunde

KM 26,6

3 Gut Ross

Kurze Zeitreise

Auch wenn die Türen gerade verschlossen sind und die Sägeblätter stillstehen: Ein kleiner Abstecher zur alten Wassersägemühle bei Gut Ross lohnt. Sie stammt aus den 1890er Jahren und gehörte zum benachbarten Gut Ross. Schon ein kleiner Rundgang um das hübsche Backsteingebäude versetzt einen in die Anfangszeit der Industrialisierung. Draußen sieht man einen Baumstamm und einen alten Dampfkessel auf großen Wagenrädern. Das Wasser des Weißen Vennbachs allein reichte nämlich nicht aus, um die Turbinen und damit das Sägewerk in Bewegung zu setzten. Der Heimatverein Velen hat das Gebäude restauriert und die Turbine von Schlamm befreit, sodass die Anlage bei Veranstaltungen von der Öffentlichkeit in Augenschein genommen werden kann. (www.heimatverein-velen.de)

Am Knotenpunkt 71 geht es Richtung Schloss Velen, Knotenpunkt 72, und anschließend wieder zurück zum Punkt 71.

Zeitgeschichte: die alte Wassersägemühle von Gut Ross

KM 28,4

4

Schloss Velen

Eine Bank besetzen

Alter Baumbestand, verschlungene Wege und Brücken: Der Landschaftspark vor Schloss Velen ist in barocken Strukturen angelegt. In ihm sollte man ein Weilchen auf einer Bank Platz nehmen und das herrschaftliche Gebäude ganz in Ruhe auf sich wirken lassen. Schon vor mehr als 250 Jahren hatte das Schloss den Beinamen: »Märchenschloss des Münsterlandes«. Stammbewohner der 800 Jahre alten Anlage waren einst die adligen Herren von Velen. Immer wieder wurde es von berühmten Architekten umgestaltet. Zuletzt war das Wasserschloss ein Sporthotel, heute kann man dort Seminare und Tagungen abhalten.

Zurück zum Knotenpunkt 71 geht es Richtung Ramsdorf, Knotenpunkt 73, dann Richtung 32 und schließlich Richtung 74. Kurz vor der Jugendburg Gemen liegt an einer Straßengabelung Altenas Eiskiste.

800 Jahre alt ist die Anlage von Schloss Velen

Klappen auf – und fertig ist Altenas Eiskiste und Mini-Kiosk

Altenas Eiskiste

Eis essen

Der Name »Altenas Eiskiste« passt perfekt. Eine etwa mannshohe Holzkiste mit weit offenen Türen lädt die Radler:innen an warmen Tagen zu kühlem Eis ein. Einfach die Kühlbox öffnen und Lieblingssorte aussuchen! Kalte Getränke stehen im Kühlschrank nebenan. Und wie so oft gilt auch hier: Bargeld in die Kasse werfen! Danach kann man es sich auf dem sehr gepflegten Rastplatz vor der Eiskiste in Görings Esch gemütlich machen. Vielleicht besucht einen der Hofhund, aber keine Sorge: Der ist genauso tiefenentspannt wie man selbst, wenn man die süße Leckerei in aller Ruhe mit Blick auf die friedliche Bauerschaft genießt.

An dem gepflegten Rastplatz kann man ganz in Ruhe das Eis genießen

Weiter Richtung Gemen zum Knotenpunkt 74. Doch statt dem Fahrradschild nach dem Überqueren der Bocholter Aa nach links zu folgen, biegt man rechts ab zu einem kleinen Abstecher – und fährt am Ufer entlang zur Burg.

KM 42

6 Jugendburg Gemen

Eine Runde um die Burg

Die Wasserburg Gemen liegt inmitten des ehemaligen Sumpfgebietes der Bocholter Aa. Vor 900 Jahren noch als Wasserburg von den Edelherren Gemen erbaut, entstand durch viele Umbauten nach und nach das Schloss. Es steht auf zwei Inseln, die von einem verzweigten Gräftensystem umgeben sind. Früher noch Wohnort für den Adel, ist die Anlage inzwischen fest in Jugendhand. Mit 225 Betten, 27 Gruppenräumen und rund 24 000 Gästen zählt die Anlage Gemen zu den großen katholischen Jugendbildungseinrichtungen in Deutschland. Ein Spaziergang auf dem Weg entlang der Aa eröffnet schöne Aussichten auf das Ufer und auf die mächtige Burg. Später, auf dem ursprünglichen Weg zurück Richtung Borken, kann man noch eine schöne Fernsicht auf die Jugendburg erhaschen. (www.jugendburg-gemen.de)

Die Gräften rund um die Jugendburg Gemen strahlen entspannte Ruhe aus

KM 44 » ZIEL

Bahnhof Borken

Jetzt über den Knotenpunkt 56 zurück zum Bahnhof.

Vor 900 Jahren wurde die Wasserburg von den Edelherren Gemen inmitten des ehemaligen Sumpfgebietes der Bochholter Aa erbaut

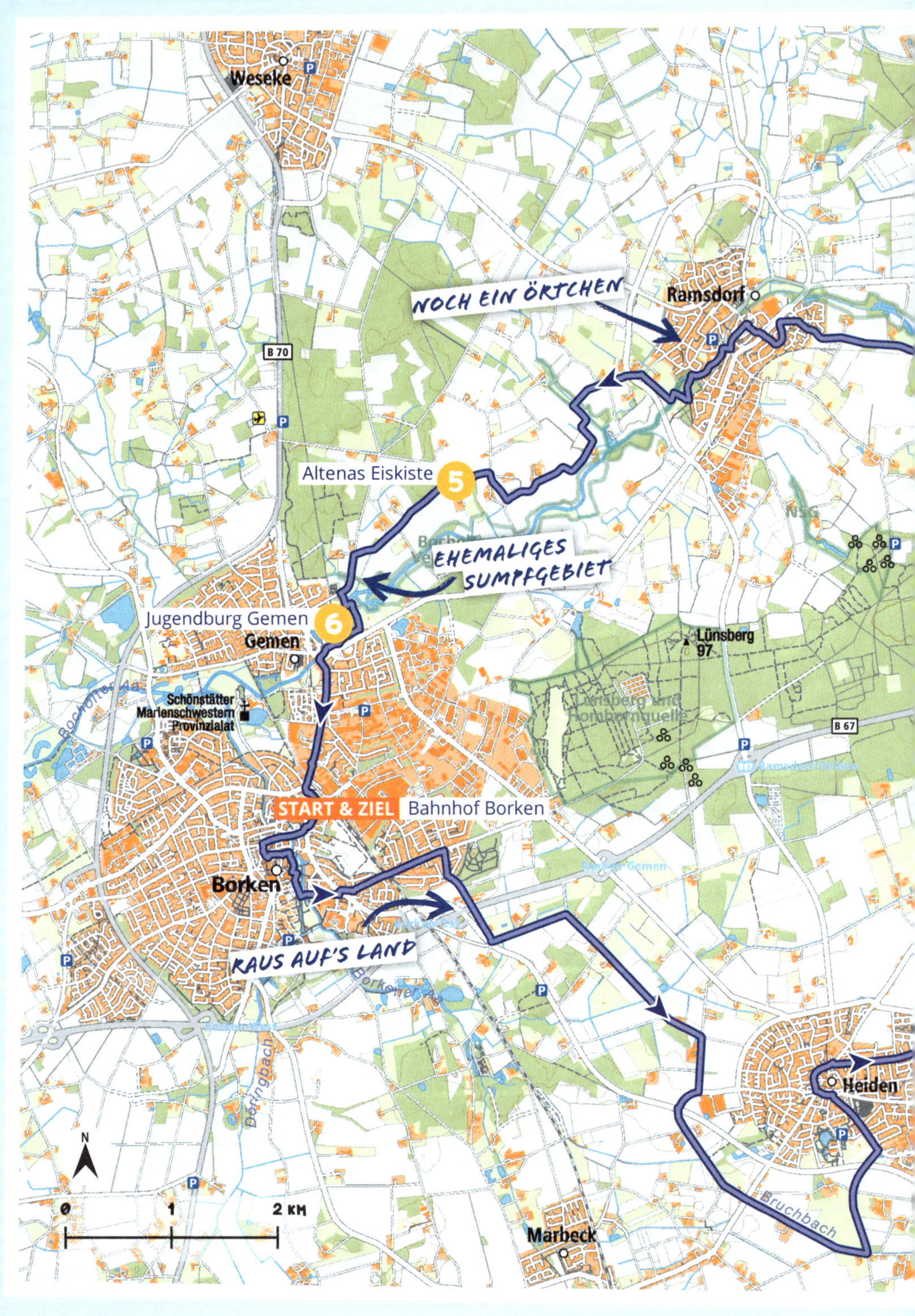

Weseke
B 70
NOCH EIN ÖRTCHEN
Ramsdorf
Altenas Eiskiste
5
EHEMALIGES SUMPFGEBIET
Jugendburg Gemen
6
Gemen
Lünsberg
97
Schönstätter
Marienschwestern
Provinzialat
B 67
START & ZIEL
Bahnhof Borken
Borken
RAUS AUF'S LAND
Borkener Aa
Döringbach
Heiden
Bruchbach
Marbeck
N
0
1
2 KM

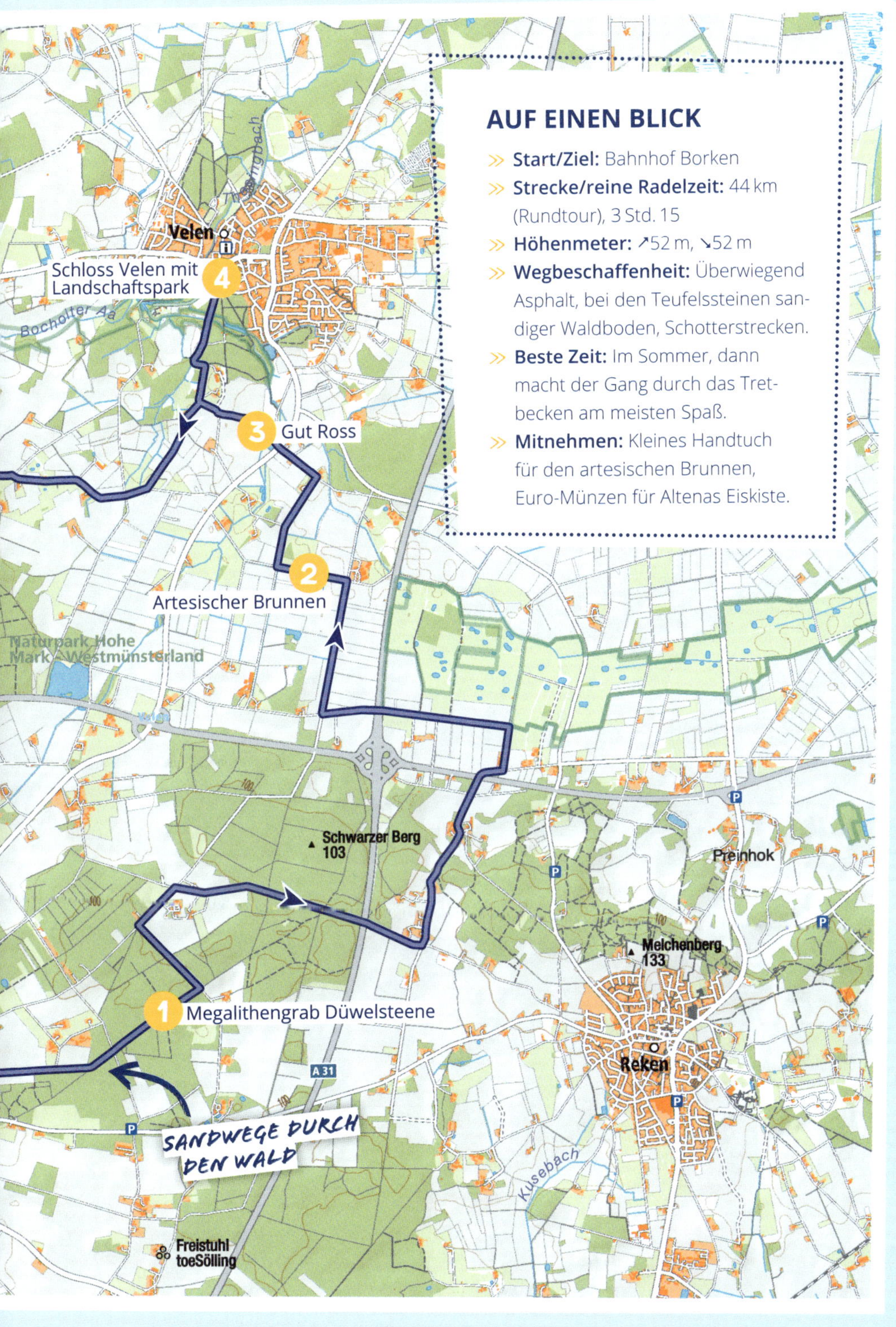

AUF EINEN BLICK

- **Start/Ziel:** Bahnhof Borken
- **Strecke/reine Radelzeit:** 44 km (Rundtour), 3 Std. 15
- **Höhenmeter:** ↗52 m, ↘52 m
- **Wegbeschaffenheit:** Überwiegend Asphalt, bei den Teufelssteinen sandiger Waldboden, Schotterstrecken.
- **Beste Zeit:** Im Sommer, dann macht der Gang durch das Tretbecken am meisten Spaß.
- **Mitnehmen:** Kleines Handtuch für den artesischen Brunnen, Euro-Münzen für Altenas Eiskiste.

DIE RADELPAUSEN

» START
Bahnhof Metelen Land

KM 1,5
1 Dino Zoo
Urzeittiere entdecken

KM 10,3
2 Pausenpilz hinter der Vechte
Über Baumstamm balancieren

KM 15,5
3 Baggersee Strönfeld
Picknick am Sandstrand

18 WO DIE SCHNEPFEN WOHNEN

Von Metelen durch drei Naturschutzgebiete

Wer die unaufgeregte Natur des Münsterlandes genießt, ist auf der Schnepfenroute genau richtig. Über einsame Feldwege geht es an Heideflächen und Feuchtwiesen vorbei. Vogelbeobachter (und Dinosaurier-Fans) kommen hier auf ihre Kosten.

KM 22,2

4 Wichumer Trimmpfad
Hangeln und klettern

KM 42

6 Eisenbahnmuseum Metelen Land
Alte Waggons anschauen

KM 32,6

5 Naturschutzgebiet Strönfeld
Ausschau halten

KM 42 » ZIEL
Bahnhof Metelen Land

ICH GLAUB, DA STEHT EIN DINO!

Mit dem Startpunkt, dem Bahnhof Metelen Land, beginnt bereits der entspannte Ausflug. Denn die Züge halten nicht im Ort Metelen selbst, sondern außerhalb, mitten auf dem Land. Das heißt: Hier ist alles ruhig und ohne jeden Verkehrsrummel – so wie auch auf dem gesamten Rest der Tour. Das alte Fachwerkgebäude des Bahnhofs stammt aus dem Jahr 1875 und beherbergt ein Eisenbahnmuseum. Folglich stehen rund ums schmucke Haus alte Lokomotiven und Waggons zum Anschauen bereit.

DER STILLE WALD DUFTET NACH KIEFERN, DIE WEGE SIND SANDIG – DAS ENTSCHLEUNIGT

Dann geht es erst einmal durch die Metelener Heide und den dazugehörigen Kiefernwald. Es ist sandig, vielleicht muss man sogar an einigen Stellen ein paar Meter schieben, aber: Es macht Spaß, so mitten durch die Natur zu radeln. Umso überraschter ist man, wenn sich plötzlich vor einem eine offensichtlich künstliche Burgmauer auftürmt. Kaum zu glauben, dass dahinter Dinosaurier leben. Oder sollte man besser sagen: Täuschend echt aussehende Dinosaurier-Attrappen aufgestellt wurden. Sie gehören zum Dino Zoo Metelen. Aber das war es dann auch schon mit der Aufregung.

Ab jetzt ist die Tour vor allem etwas für geduldige Vogelbeobachter oder Naturfreunde, die sich an der wilden Vechte, einem idyllischen Angelsee, seltenen Pflanzen an Wiesenrändern oder den Heideflächen erfreuen können. Neben der Vechte liegt auch die Dinkel an der Route. Ein Fluss, dessen Uferstreifen immer weiter renaturiert wird. Die Dinkel trieb auch einst die Kornwassermühle in Nienborg an, die ebenfalls an der Strecke liegt.

Auch wenn es auf der Schnepfenroute eher um den Lebensraum des Vogels und damit auch vieler anderer Tiere und Pflanzen geht, bekommt man zusätzlich noch eine kleine Burg zu sehen. Das Hohe Haus in Nienborg beherbergt im verwunschenen Garten ein Café, das sonntags ab mittags geöffnet ist (www.hoheshausnienborg.de).

Die Schnepfenroute ist ausgeschildert. Unterhalt der Hinweisschilder des Radverkehrsnetzes NRW befinden sich kleine Einschübe mit einem NaTourismus-Logo und dem Hinweis »Schnepfenroute«. Manchmal fehlen diese Einschübe, dann muss man sich an den Knotenpunkten oder dennächsten Orten auf der Strecke orientieren. «

Große Tiere: Auf den Weiden grasen Rinderherden. Dieser Bulle beobachtet, was um ihn herum geschieht

Spritzige Pause am Tümpel mit Wasserfontäne

Natur pur und jede Menge vogelfreundliche Landschaften sind die Merkmale der Schnepfentour

RADELN & GENIEẞEN

START

Bahnhof Metelen Land

Ab dem Bahnhof geht es dem Schnepfenrouten-Schild nach in Richtung Burg-Steinfurt. Durch die Metelner Heide führt der Weg bis zum Eingang des Dino Zoos Metelen.

Begrüßt die Vorbeiradelnden: ein Dinosaurier vom Dino Zoo Metelen

KM 1,5

1 Dino Zoo

Urzeittiere entdecken

Eine graue Burgmauer ragt plötzlich vor einem auf, doch schnell ist klar: Hier steht keine alte Ritterbehausung, sondern das ist der Eingangsbereich des Dino Zoos Metelen. Auf einem weitläufigen Gelände mitten in der Metelner Heide leben dort echte Tiere wie zum Beispiel Alpakas, aber das unangefochtene Highlight sind natürlich die Dinosaurier, die hier in Originalgröße zu bestaunen sind. Auch für Vorbei-Radelnde kommt es zu Begegnungen mit den 250 Millionen Jahre alten Urzeittieren. Man sollte auf jeden Fall langsam fahren oder schieben, durch die Lücken im Zaun schauen und auf Fotosafari gehen. Wo trifft man sonst auf einer Radtour einen zähnefletschenden Tyrannosaurus Rex? (www.dinozoo-metelen.com)

Weiter durch die Metelener Heide, dann über Landstraßen und Feldwege bis zur Vechte-Brücke. Kurz dahinter liegt links ein Pausenplatz mit Wetterpilz.

Nahe der wilden Vechte kann man auf diesem Baumstamm spazieren gehen

Baden verboten, genießen erlaubt. Am Baggersee Strönfeld findet man romantische Picknickplätze

KM 10,3

2

Pausenpilz hinter der Vechte

Über den Baumstamm balancieren

Nicht an allen Stellen ist die Vechte schön. Aber hier ist sie es. Wild schlängelt sie sich durch die sandige Landschaft. Mit 180 Kilometern Länge ist sie nach der Ems der längste Fluss im Steinfurter Land. An diesem schönen Pausenplatz erfährt man auf einer Informationstafel viel über den Fluss und die Natur am Ufer und im Wasser. Der Wetterpilz bietet Schutz vor Regen oder Sonne, und auf dem dicken Baumstamm, der vor den Fahrradgittern platziert ist, lässt es sich hervorragend balancieren. Also: runter vom Rad, rauf auf den Stamm! Das ist gut für die Stimmung und schult ganz nebenbei den Gleichgewichtssinn.

Hinter der Vechte einmal rechts. Dann, nach einem langen Stück geradeaus, geht es links ab, dort kann man schon durch Hecken und Büsche hindurch den Baggersee Strönfeld erblicken.

KM 15,5

3

Baggersee Strönfeld

Picknick am Sandstrand

Panorama, Essen, Genuss! Wer sich eine Pause am Baggersee Strönfeld gönnt, bekommt diese drei Dinge. Und das ist mehr als genug. Baden ist hier aus guten Gründen verboten, es ist schlicht zu gefährlich und stört außerdem Flora und Fauna. Also kann man sich einfach ganz in Ruhe hinsetzen und entdeckt die schönsten Plätze zwischen Bäumen, Sandstrand und Büschen. Angler mögen den Baggersee, weil das Gewässer fischreich ist. Hier findet sich so ziemlich alles, was Flossen und seine Heimat in Mitteleuropa hat: Aale, Alande, Barsche, Brassen, Hechte, Karpfen, Rotaugen, Rotfedern, Schleien, Welse und Zander.

Man durchquert Heek. Auf dem Weg Richtung Nienborg stehen am Wegrand ein paar Trimm-dich-Geräte.

Mit Geduld und Fernglas kann man seltene Vogelarten entdecken

KM 22,2

4 Wichumer Trimmpfad
Hangeln und klettern

Wer radelt, tut bekanntermaßen etwas für seine stramme Waden. Aber was ist mit unseren Schultern und dem Rest der müden Knochen? Wenn man im von Oerschen Wald bei Heek ein paar Geräte des Wichumer Trimmpfads entdeckt, sollte man die Gelegenheit nutzen: Also ran an die Holme, Stangen und Leitern! Und dann wird losgehangelt. Wer nicht mitmachen möchte, kann seine Begleiter:innen anfeuern oder sich in einen der Stühle setzen und einfach nur zuschauen. Wen der sportliche Ehrgeiz aber so richtig packt, der kommt auf seine Kosten. Einfach das Fahrrad abstellen und die ganzen 16 Stationen des Fitness-Parcours absolvieren.

Hinter Nienborg folgt man weiter der Schnepfenroute bzw. den Knotenpunkten 45, 63 und 46. Im Naturschutzgebiet Strönfeld steht links ein Tisch aus Stein neben einer Info-Tafel.

KM 32,6

5 Naturschutzgebiet Strönfeld
Ausschau halten

Eigentlich sieht es im Naturschutzgebiet Strönfeld nicht besonders aufregend aus. Da ist eine Wiese, dort noch eine, denkt man. Und? Aber wie soll man auch sehen, was hier los ist, wenn man nur schnell vorbeiradelt. Deshalb sollten hier ein Fernglas und Geduld zum Einsatz kommen. Denn wenn man im Naturschutzgebiet Strönfeld Feldlerchen, Rohrweihen, Uferschnepfen, Blessgänse oder Pirole entdecken möchte, braucht man beides: eine gute Sicht und Zeit. Mit knapp 250 Hektar ist Strönfeld eines der größten Feuchtwiesen-Schutzgebiete im Kreis Steinfurt. Hier können Tiere und auch Pflanzen wie Klappertopf oder Sumpf-Sternmiere ganz in Ruhe gedeihen.

Die Schnepfenrouten-Schilder führen jetzt wieder quer durch Metelen zurück zum Bahnhof Metelen Land.

Lass dich doch mal hängen – auf dem Wichumer Trimmpfad zum Beispiel

Der alte Bahnhof Metelem stammt aus dem Jahr 1875

HISTORISCH INTERESSANT

KM 42

6 Eisenbahnmuseum Metelen Land

Alte Waggons anschauen

KM 42 » ZIEL

Bahnhof Metelen Land

Das Fachwerkgebäude des Bahnhofs stammt aus dem Jahr 1875 und versetzt einen in vergangene Zeiten. Dazu alte Waggons, die über das Gelände verteilt stehen. Alles hier mutet wie ein Freilichtmuseum für Bahnfreunde an. So falsch ist dieser Eindruck auch gar nicht: Im schönen Bahnhofsgebäude ist seit Jahren ein Eisenbahnmuseum untergebracht. Dessen Zukunft steht zwar auf wackeligen Beinen, aber solange es dort noch alte Bahn-Utensilien zu bestaunen gibt, lohnt es sich, diese Rundtour mit einem historischen Bummel rund um den Bahnhof zu beenden.

Vom Rundgang gelangt man fußfläufig nach wenigen Metern zum Bahnsteig oder zum Parkplatz

Auf dem Abstellgleis: Überall kann man auf dem Gelände ehemalige Waggons und Lokomotiven bestaunen

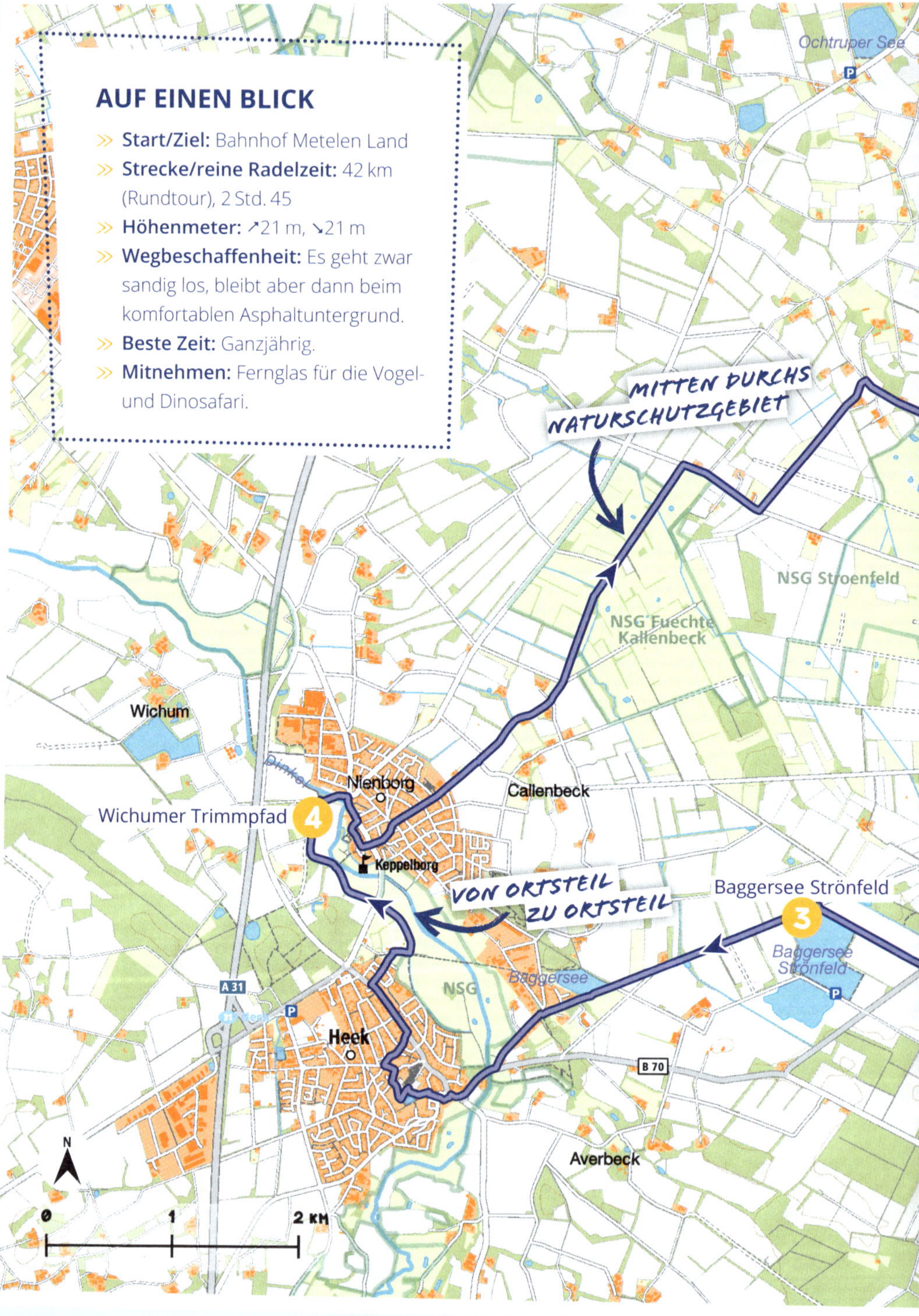

AUF EINEN BLICK

- **Start/Ziel:** Bahnhof Metelen Land
- **Strecke/reine Radelzeit:** 42 km (Rundtour), 2 Std. 45
- **Höhenmeter:** ↗21 m, ↘21 m
- **Wegbeschaffenheit:** Es geht zwar sandig los, bleibt aber dann beim komfortablen Asphaltuntergrund.
- **Beste Zeit:** Ganzjährig.
- **Mitnehmen:** Fernglas für die Vogel- und Dinosafari.

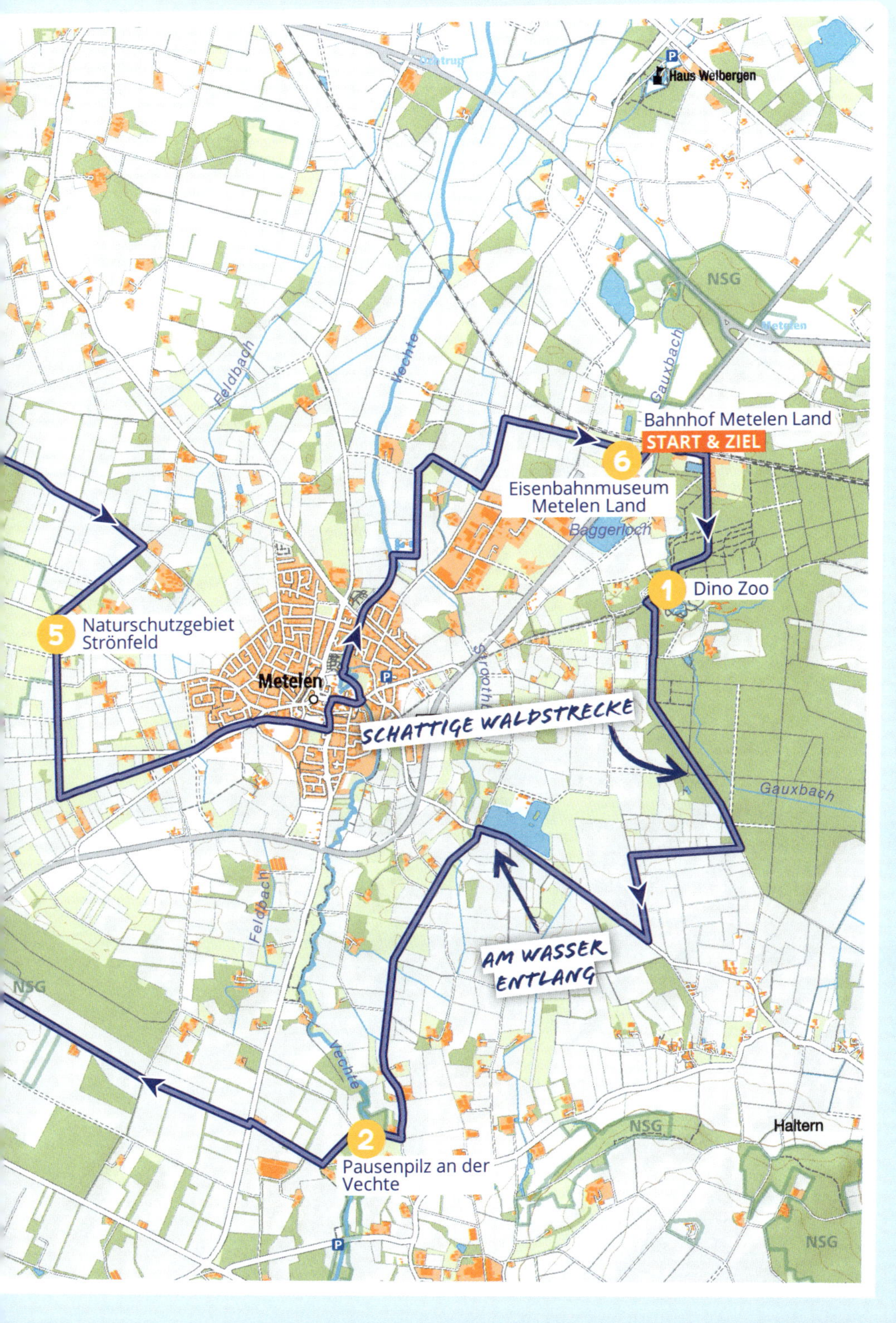
Haus Welbergen
NSG
Metelen
Gauxbach
Feldbach
Vechte
Bahnhof Metelen Land
START & ZIEL
6
Eisenbahnmuseum
Metelen Land
Baggerloch
1
Dino Zoo
5
Naturschutzgebiet
Strönfeld
Metelen
SCHATTIGE WALDSTRECKE
Gauxbach
AM WASSER
ENTLANG
Feldbach
NSG
Vechte
2
Pausenpilz an der
Vechte
NSG
Haltern
NSG

DIE RADELPAUSEN

» START
Bahnhof Dülmen

KM 3,3
1 Dülmener Wildpark
Auf Foto-Pirsch gehen

KM 5,7
2 Haus Waldfrieden
Wild essen und ganz in Ruhe einkaufen

KM 7,3
3 Hohe Mark-Blick
Blättern und blicken

Zahme Tour zu wilden Tieren

Dülmenrunde inklusive Rothirsch- und Wildpferdesichtung

Für seine Wildpferde ist Dülmen berühmt. Und doch sind die Rothirsche und das Damwild im Wildtierpark mindestens genauso beeindruckend. Auf dieser Tour bekommt man viel Tierisches zu Gesicht. Da die Wege meist asphaltiert sind, geht es aber im Großen und Ganzen recht zahm zu.

KM 16

4 Wildpferdebahn
Leittiere suchen

KM 20,2

5 Pausenplatz mit Kapelle
Ein Picknick in der Bauerschaft

KM 35,3

6 Obstbaum-Lehrgarten
Wissen über wilde Äpfel vertiefen

KM 36,8 » ZIEL
Bahnhof Dülmen

NICHTS FÜR EILIGE

Für diese Dülmen-Runde sollte man sich Zeit nehmen, schauen, beobachten, vielleicht sogar ein Fernglas hervorholen oder einen Fotoapparat mit einem Teleobjektiv mitnehmen. Denn hier gibt's wilde Tiere zu sehen. Auch wenn die Wildpferde das Markenzeichen Dülmens sind, kann man sie tatsächlich nur zwischen Mai und Oktober am Wochenende oder an Feiertagen sowie bei gebuchten Führungen im Naturschutzgebiet Merfelder Bruch beobachten (www.duelmen.de > Wildpferde). Wenn es passt, sollte man den Abstecher unbedingt unternehmen. Aber: Achtung, manchmal wird man mit dem Rad umgeleitet. Deshalb immer auf die Hinweisschilder schauen und sich darauf gefasst machen, dass man auch mal auf sandigem Boden schieben muss.

PLÖTZLICH STEHT EIN HIRSCH DIREKT NEBEN DEM RADWEG UND SCHAUT EINEN LANGE AN

Doch auch ohne Wildpferde gibt's Tierisches zu sehen. Der Wildpark, der gleich am Anfang der Strecke liegt, bietet so einiges an Beobachtungsmöglichkeiten. Im Gegensatz zu den »wilden« Highlights ist die Tour ansonsten ganz friedlich und entspannt. Menschenleere Feldwege und eine gute Ausschilderung (immer den grünen Schildern mit der R-7 folgen) machen sie zu einem gemütlichen Ausflug. Kleine Siedlungen, dichte Hecken, Waldabschnitte und immer wieder schöne Blicke auf Äcker und Wiesen. Auch wenn die meisten Streckabschnitte über Asphalt verlaufen, sollte man auf Schlaglöcher achten.

Und das gibt's alles zu erleben: kreativ gestaltete Aussichtsbänke oder ein Picknickplatz neben einer Kapelle, ein großes Ausflugslokal, in dem es trotz vieler Gäste immer ruhig und gelassen zugeht, und ein Lädchen, in dem Fahrradfahrer:innen Karten, Bücher und im Sommer frische Frikadellen als Pausenmahlzeit kaufen können. Ein bezaubernder Rhododendronwald in der Bauerschaft Welte, der im Frühling in herrlichen Farben blüht, liegt genau an der Strecke. Im Herbst ahnt man noch die Blütenvielfalt.

Immer wieder radelt man an Kühen und Rindern in den verschiedensten Fellfarben vorbei, im Herbst werden am Straßenrand Kürbisse verkauft. So entschleunigt man auf münsterländisch.

Die Tour zu den wilden Tieren macht auch Kindern Spaß

Am Schluss erfährt man noch Wissenswertes über alte Obstsorten

Groß, größer, krumm und krummer: Am Wegesrand gibt es die unterschiedlichsten Kürbisse zu kaufen

RADELN & GENIEßEN

START
Bahnhof Dülmen

Am Bahnhof beginnt die Beschilderung zum R-7-Rundweg. Auf die grünen Schilder achten! Zunächst links in die Eisenbahnstraße, dann weiter auf dem R-7-Weg. Der Weg führt an einem Zaun vorbei, der zum Teil durch Steinplatten verstärkt ist. Dann kommt das Eingangstor.

Im Dülmener Wildpark zeigen sich auch die Bäume von ihrer schönsten Seite – freistehend und groß gewachsen

KM 3,3

1 Dülmener Wildpark

Auf Foto-Pirsch gehen

Die steigende Fußgängerdichte schon vor dem Eingang deutet darauf hin: Das 250 Hektar große Gelände des Dülmener Wildparks ist bei Einheimischen und Ausflüglern sehr beliebt. Kein Wunder, denn auf der wunderschön angelegten Parkanlage wechseln sich Lichtungen und Waldabschnitte ab, Tümpel und kleine Brücken liegen idyllisch dazwischen. Außerdem leben dort Heidschnucken, Schafe, Damwild und Rothirsche. Sie sind zwar an die Menschen gewöhnt, laufen auch mitunter auf deren Wegen, bewegen sich aber im Übrigen so wie in der freien Natur. So kann man hier hervorragend Tierfotos schießen. Unbedingt absteigen und einen schönen Beobachtungsposten am Wegrand oder auf einer Bank suchen, den besten Moment abwarten – und knipsen!

Hinter dem Wildpark unterquert man rechts die A 43. Dann geradeaus. Wenn man links ein paar Wohnmobile und einen Parkplatz sieht, ist man schon beim Haus Waldfrieden.

KM 5,7

2 Haus Waldfrieden

Wild essen und ganz in Ruhe einkaufen

Wer um die Mittagszeit herum am Haus Waldfrieden ankommt, sollte sich eine etwas längere Pause gönnen. Vielleicht, um dort eines der Wildgerichte zu probieren, für die das Restaurant so bekannt und beliebt ist. Oder um sich Picknick-Proviant zu besorgen. In »Ulrikes Lädchen«, direkt nebenan, verkauft Ulrike Knepper Dekoartikel, aber auch viele Dinge speziell für Radler:innen. Unter anderem gibt's Karten, Rad-Bücher, Pausenmahlzeiten wie Würstchen oder – im Sommer – frische Frikadellen. Kalte Getränke gibt es auch. Bevor man weiterradelt, kann man noch ein wenig Innehalten: Familie Knepper hat hinter dem Haus ein kleines Kirchlein für Ausflügler errichtet – als Ruheort. (www.haus-waldfrieden.de)

Achtung: Hinter dem Haus Waldfrieden fehlt ein Mal die R-7-Beschilderung. Dort rechts halten, nach 100 Metern geht es dann links dem R-7-Weg nach. An der Kreuzung nach einer Waldetappe (rechts geht es nach Reken und dem R-7 nach) steht eine angekettete Bank.

Hinsetzen und den Blick Richtung Hohe Mark richten!

Hier geht's lang zum Essensstopp

KM 7,3

3 Hohe Mark-Blick

Blättern und blicken

Auf der Rückenlehne der Bank steht, was man hier vor sich hat: »Hohe Mark-Blick«. Will man diesen kurz betrachten, kann man sich auf die massive Sitzplatte setzen. Dabei wird man ein wasserdicht verpacktes Info-Büchlein entdecken. Auf der Plastikdose, in der es liegt, steht: »Wen's interessiert …« Dazu die Anleitung: »Hier öffnen/schließen.« In dem herausnehmbaren Ordner wird genau erklärt, was es mit den Wildpferden in der Hohen Mark auf sich hat. Wissbegierige können sich also auf der Holzbank niederlassen, blättern, dazulernen und zwischendurch auf das freie Feld vor sich blicken.

Folgt man weiter dem Schild mit der R-7, geht es irgendwann nur links oder rechts. Ist Sonntag oder ein Feiertag, sollte man hier einen Abstecher nach links, Richtung R-7 bzw. Richtung Wildpferdefangbahn, machen. An allen anderen Tagen einfach rechts Richtung Merfeld radeln und diesen Zwischenstopp überspringen.

KM 16

4 Wildpferdebahn
Leittiere suchen

In der Ferne sieht man schon die etwa 400 Tiere, die sich auf dem rund 3,2 Quadratkilometer großen Naturschutzgebiet Merfelder Bruch frei bewegen können. Ein Gänsehautmoment ist dieser erste Blick auf die uralte Pferderasse, die komplett sich selbst überlassen wird. Der Mensch greift nur ein, wenn einmal im Jahr die Junghengste beim spektakulären Wildpferdefang »aussortiert« werden, um spätere Territorialkämpfe zu vermeiden. Dass es in einer Herde nicht zu viele Leittiere gibt, ist für das friedliche Miteinander der Tiere wichtig. Wenn man genau hinsieht und das Verhalten der Stuten und Fohlen beobachtet, kann man erraten, wer in der aktuellen Herde zur tierischen Führungsriege gehört. Einfach schauen, wer hier wem folgt. Mehr Infos und Führungen unter: www.wildpferde.de.

Na, welches dieser durstigen Pferde ist ein Leithengst?

Es geht weiter auf der R-7-Route. Man passiert eine kleine Häuseransammlung, einen Hof und radelt auf dem Kapellenweg, bis man zu einem Picknickplatz nahe einer Pferdeweide kommt, der direkt neben einer kleinen Kapelle liegt.

Pause im Schatten von Bäumen und einer Kapelle

KM 20,2

5 Pausenplatz mit Kapelle
Ein Picknick in der Bauerschaft

Was für ein Gegensatz: Nach den Wildpferden und ihrem wildromantischen Lebensraum radelt man nun wieder durch diese typisch Münsterländer Parklandschaft. Es geht vorbei an Höfen, runden Heuballen und kleinen Weilern. Neben dem Picknickplatz, der vom Heimatverein Merfeld angelegt wurde, grasen domestizierte Pferde auf der Nachbarweide. Die Kapelle zeugt von der tiefen Religiosität, die sich im Münsterland vor allem auf dem Land und in den Bauerschaften gehalten hat. Wenn man hier sein Picknick einnimmt, hat man folglich den Rundumblick auf drei Dinge, die typisch für das Münsterland sind: Landwirtschaft, Pferde und die Kirche.

Weiter den R-7-Schildern bis nach Dülmen folgen. Rechts liegen Billderbecker Straße, Stochover Weg und Unmatenweg, dann eine kleine Grünfläche mit Obstbäumen darauf.

KM 35,3

6 Obstbaum-Lehrgarten

Wissen über wilde Äpfel vertiefen

Wenn man Dülmens Wohnbebauung wieder erreicht hat, kann man trotzdem noch einen kleinen grünen Stopp einlegen. Wenn rechts eine unscheinbare grüne Fläche auftaucht, auf der ganz verschiedene Bäume stehen, sollte man kurz anhalten. Einige dieser Bäume sind Obstbäume. Doch wer ist eigentlich wer? Klar, wenn man Äpfel auf dem Boden liegen sieht, kann man sich denken, um welchen Baum es sich handelt. Schaut man aber auf das Info-Schild zum Baum, erfährt man viel mehr. Es handelt sich bei den beschriebenen Früchten – ganz im Sinne dieser Tour – um Wildäpfel. Der dazugehörige Baum heißt also Wildapfel oder Malus sylvestris. Übrigens sollte man die heruntergefallenen Äpfel nicht roh essen – sie sind kaum genießbar.

Jetzt geht es den R-7-Schildern nach wieder zurück zum Bahnhof.

Baum ist nicht gleich Baum. Info-Tafeln informieren über Sorte, Frucht und Eigenarten

KM 36,8 » ZIEL

Bahnhof Dülmen

Da liegen sie und schmecken nicht einmal: rohe Wildäpfel

AUF EINEN BLICK

- **Start/Ziel:** Bahnhof Dülmen
- **Strecke/reine Radelzeit:** 36,8 km (Rundtour), 2 Std. 45
- **Höhenmeter:** ↗45 m, ↘45 m
- **Wegbeschaffenheit:** Meistens Asphalt und breite Feldwege. Bei den Wildpferden muss man mit Off-Road-Strecken rechnen.
- **Beste Zeit:** Ganzjährig. Allerdings sind in den ersten Maiwochen noch die wilden Junghengste zu sehen (Achtung: nur am Wochenende oder bei einer gebuchten Führung). Auch gut im Mai: Der Rhododendron blüht noch an der Strecke.
- **Mitnehmen:** Teleobjektiv und Fernglas, um die Wildtiere zu fotografieren und zu beobachten.

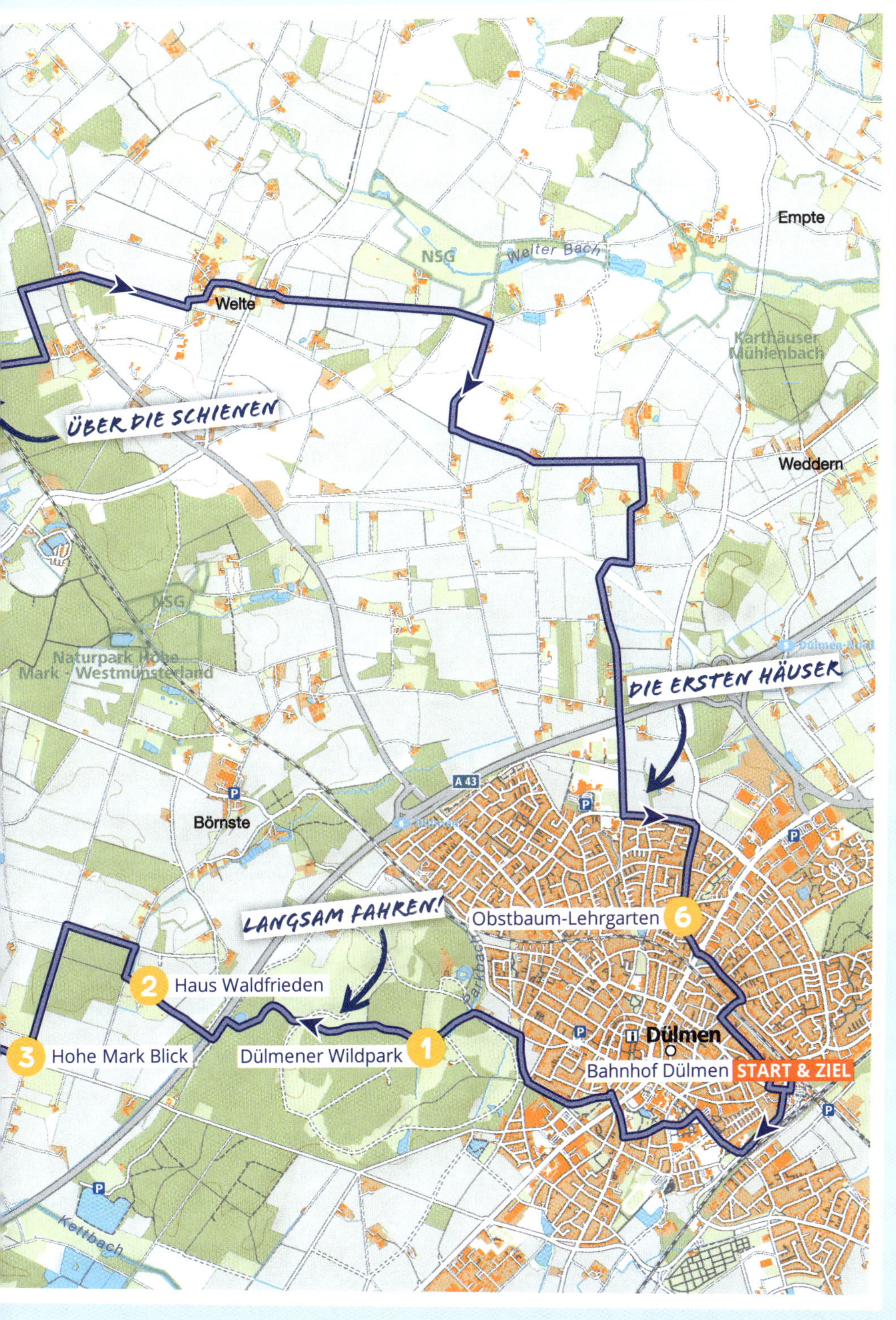

Empte
NSG
Welter Bach
Welte
Karthäuser Mühlenbach
ÜBER DIE SCHIENEN
Weddern
NSG
Naturpark Hohe Mark - Westmünsterland
DIE ERSTEN HÄUSER
A 43
Börnste
LANGSAM FAHREN!
Obstbaum-Lehrgarten 6
2 Haus Waldfrieden
Parkbach
Dülmen
3 Hohe Mark Blick
Dülmener Wildpark 1
Bahnhof Dülmen START & ZIEL
Kettbach

DIE RADELPAUSEN

» START
Bahnhof Legden

KM 3
1 Wildbienen-Nistwand
Schlauer werden

KM 6
2 Asbeck
Dorfbummel mit Gyros

KM 28
3 Ahaus
Im Schloßcafé Eis essen

RICHTUNG FLOWER-POWER

Das Dahliendorf Legden ist Start- und Zielort dieser Rundtour

Ein gemütlicher Bahnhof, ein historischer Kreuzgang, eine alte Mühle, gleich drei Wasserburgen und im Hochsommer dazu noch ein knallbunter Dahliengarten. Auf dieser Rundtour ab Legden kann man so einiges entdecken – und beschnuppern.

KM 41

5 Dahliengarten

Durch die Nase atmen

KM 29,3

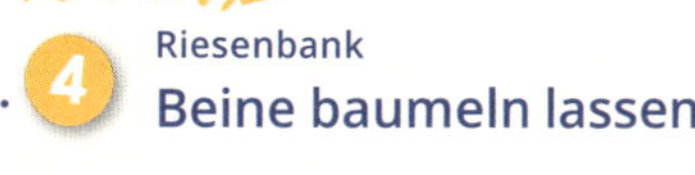

4 Riesenbank

Beine baumeln lassen

KM 42 » ZIEL

Bahnhof Legden

EINE DUFTE SOMMERTOUR

Natürlich kann man diese Tour das ganze Jahr über radeln. Aber: Wenn es irgendwie möglich ist, sollte man sich im Hochsommer – also beispielsweise im August – auf sein Fahrrad schwingen. Denn dann blüht einem ein besonders schöner Abschluss dieser Flowerpower-Runde.

Doch bevor es in den wunderschönen Dahliengarten nahe Legdens Pfarrkirche geht, stehen noch so einige andere Erlebnisse auf dem Programm der Tour.

Da ist zum Beispiel das legendäre »Dorf Münsterland« mit seinem riesigen Parkplatz, auf dem an Wochenenden Hunderte Autos Platz finden. Das, was der Megapark für Mallorca ist, ist das Partydorf in Legden für das Münsterland. Wer hier ausgiebig feiern will, kann das in einer der verschiedenen Tanz-Tennen tun. Übernachten ist im angeschlossenen Hotel auch möglich. Und wer weiß: Vielleicht ist das Dorf Münsterland nicht nur zum schrillen Kegelausflug geeignet, sondern auch als Ausgangspunkt einer ruhigen Radtour, die einige Highlights zu bieten hat: menschenleere Feldwege, das kleine gemütliche Dörfchen Asbeck mit einer alten Stiftskirche, Bauernhöfen und Traktoren mitten im Ortskern sowie ganz unterschiedlichen Schlössern. Dort das städtische Ahaus und da das mitten im Wald gelegene Haus Egelborg.

PRÄCHTIG LEUCHTEN DIE UNTERSCHIEDLICHEN DAHLIEN-SORTEN IN ALL IHREN WUNDERSCHÖNEN FARBEN

Meistens radelt man auf festem Asphaltuntergrund an Bauernhöfen oder Windrädern vorbei. Doch ab und zu sorgt ein sandiger Singletrail für Abwechslung, und man muss aufpassen, dass einen die Dornen der Brombeeren nicht auf der Fahrt die Beine zerkratzen.

Ganz zum Schluss ist man zwar auch mitten in einem Ort, aber dieser ist zugleich eine Oase. Legden nennt sich selbst das Dahliendorf. Und so dreht sich dort sehr vieles um die prächtig blühenden Pflanzen. Also: Unbedingt zum Schluss der Tour noch einen Abstecher ins Dorfzentrum unternehmen. Da blüht einem im Dahliengarten etwas sehr Schönes und Duftendes! «

Dieser Löwe bewacht das Schloss in Ahaus

Am Rand der Ahauser Innenstadt liegt das Wasserschloss Ahaus

Im Dahliendorf Legden sollte man unbedingt Zeit für den Blumengarten an der Kirche einplanen

RADELN & GENIEẞEN

START

Bahnhof Legden

Vom Bahnhof aus fährt man Richtung Legden und Knotenpunkt 88. Von dort aus über Feldwege Richtung 89. Bevor man dort ankommt, ist rechts vor einem Wiesengatter eine Wildbienen-Nistwand aufgebaut.

KURZ DURCH DEN KREUZGANG

Hier hausen jede Menge Wildbienen

KM 3

1 Wildbienen-Nistwand

Schlauer werden

Auf der Vorderseite der großen Nistwand erfährt man viel über Wildbienen, über Nistplätze von Mauerbienen, darüber, wie man Insekten rettet, über die Blumen des Sommers oder über gefährdete Greifvogelarten. Wer sich die Texte durchliest, ist am Ende auf jeden Fall schlauer. Auf der Rückseite der Infotafel ist die große Wildbienen-Nistwand angebracht. Auf drei Ebenen liegen hier löchrige Steine, Holz und Röhren, in denen sich Wildbienen wohlfühlen. Wenn man nicht erst so kurz unterwegs wäre, könnte man sich außerdem hervorragend zu einer Pause auf der gemütlichen Gartenbank vor dem Wiesengatter niederlassen.

Wenn man den Knotenpunkt 89 erreicht hat, ist man schon mitten in Asbeck

Im Zentrum des hübschen Dörfchens Asbeck liegt das Doppelkloster aus dem Jahr 1151 mit historischem Kreuzgang

KM 6

2

Asbeck

Dorfbummel mit Gyros

Der Ursprung des Dorfes Asbeck ist das Doppelkloster Stift Asbeck. Es wurde zwischen 1132 und 1151 vom Münsteraner Bischof Werner von Steußlingen errichtet und zunächst als gemischtes Kloster genutzt. Doch schon nach wenigen Jahren war es in Nonnenhand. Heute kann man durch den Kreuzgang des romanischen Dormitoriums schreiten, der geschickt mit einem Neubau kombiniert wurde. Nicht weit entfernt kann man im Schatten der Kirche im Biergarten »Unter den Linden« Gyros essen – oder man staunt über eine Zapfsäule aus den 1950er Jahren, die vor einer ehemaligen Tankstelle steht. Traktoren und Bauernhöfe finden sich mitten im Ortskern, und obendrauf gibt es auch noch eine alte Mühle. Ein Bummel lohnt also auf jeden Fall.

Jetzt geht es Richtung Knotenpunkt 92. Über die Knotenpunkte 94, 98 und 36 in der Ahauser Innenstadt und das Wasserschloss Richtung Knotenpunkt 86.

KM 28

3

Ahaus

Im Schloßcafé Eis essen

Der Radweg führt direkt am Wasserschloss vorbei. Nach der langen Zeit über Land kommt es einem hier fast ein bisschen rummelig vor, zumal ein großer Parkplatz direkt neben dem Innenstadt-Schloss liegt. Will man den Charme des barocken Jagdschlosses erfassen, sollte man also unbedingt eine langsame Runde um das Gebäudeensemble samt Park drehen. Kurzentschlossene können sogar Paddelboot fahren, sie sind über eine App auszuleihen. Durch einen Torbogen geht es dann auf den Marktplatz. Dort kann man sich mit einem Marzipan-Eisbecher im Schloßcafé für die nächste Etappe zurück Richtung Legden stärken. (www.schloss-cafe-ahaus.de)

Vom Marktplatz aus folgt man den Fahrradschildern (rotes Fahrrad auf weißem Grund) und kommt schließlich zu einer großen Kreuzung. Dort fehlt die Knotenpunktbeschilderung. Deshalb Richtung Legden orientieren und dann Richtung Knotenpunkt 87. An einer Schutzhütte steht aber vorher noch links eine riesige Bank.

Perfekte Reihenfolge: Erst das Schloss anschauen, dann im Schloßcafé ein Eis essen

KM 29,3

4 Riesenbank

Beine baumeln lassen

Sie steht neben einer Schutzhütte und ist ein beliebter Treffpunkt von Spaziergänger:innen und Radler:innen. Denn bei dieser Bank an der Aa ist es völlig egal, ob man sich ausruhen möchte oder sein Picknick auspacken will. Sich auf sie zu setzen macht einfach einen Heidenspaß. Ganz egal, ob man alleine unterwegs ist, man die Kinder auf die Sitzfläche heben muss oder man eine kleine Truppe ist, die gemeinsam Platz nimmt. Alle, die sich auf diese Bank setzen, müssen lachen und mit den Füßen schaukeln. Denn sie bringt unsere gewohnten Größenverhältnisse ordentlich durcheinander, und man kommt sich plötzlich vor wie eine Miniaturausgabe seiner selbst.

Jetzt geht es zurück über den Knotenpunkt 50 zum Bahnhof Legden. Von dort noch einmal Richtung Dorfmitte fahren – und dabei den Hinweisschildern zum Dahliengarten folgen. Sieht man den Legdener Kirchturm, ist man richtig.

Die Farben der Räder-Dekoration sind auf die Dahlien abgestimmt

Auf dieser riesigen Bank fühlen sich alle wieder wie Kinder

5 Dahliengarten

Durch die Nase atmen

Bahnhof Legden

Wenn man den Dahliengarten direkt hinter der Pfarrkirche erblickt, muss man erst einmal blinzeln. So viele leuchtende Farben strahlen einem dort entgegen. Also erst einmal Augen schließen und durchatmen. Wie das duftet! Legden nennt sich nicht ohne Grund »Dahliendorf«. Alle drei Jahre zieht ein bunter Blumenkorso durch die Stadt und feiert die Blütenpracht, die ein Pfarrer einst nach Legden holte. Doch damit nicht genug: Im Pfarrgarten blühen die Prachtblumen jedes Jahr ab Mitte Juli bis in den Herbst hinein. Rund 180 verschiedene Dahlien in den unterschiedlichsten Blütenformen und -farben sind dort zu bestaunen: Gefüllte oder einfachblühende Dahlien, Pompom- oder Kaktus-Dahlien – sie alle unterscheiden sich in Form, Farbe und Duft.

Jetzt geht es wieder zurück zum Bahnhof.

Von Mitte Juli bis in den Herbst hinein blühen die Legdener Dahlien

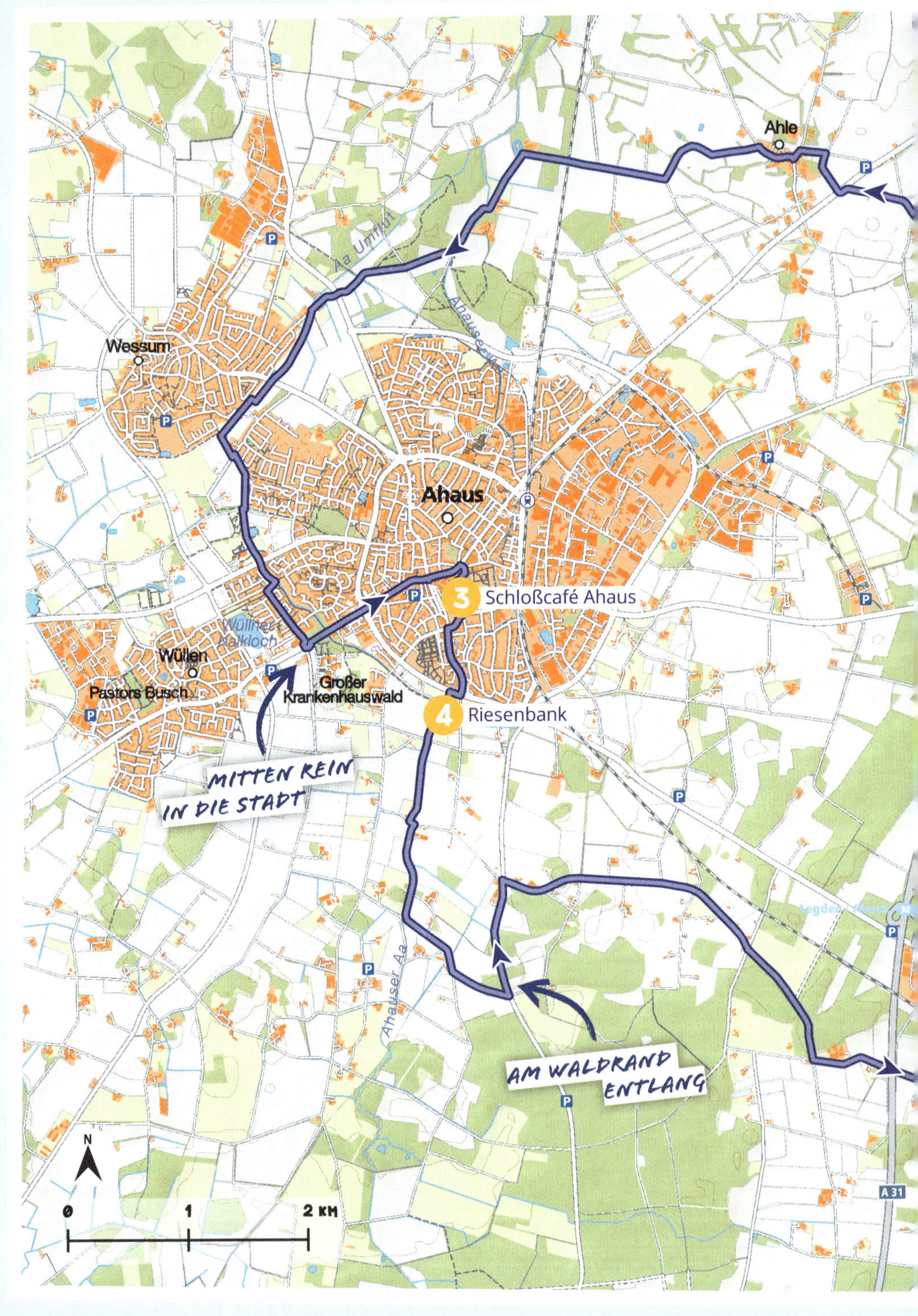

Ahle
Aa Umflut
Ahauser Aa
Wessum
Ahaus
3 Schloßcafé Ahaus
Wüllener Kalkloch
Wüllen
Pastors Busch
Großer Krankenhauswald
4 Riesenbank
MITTEN REIN IN DIE STADT
Ahauser Aa
AM WALDRAND ENTLANG
A 31
N
0
1
2 KM

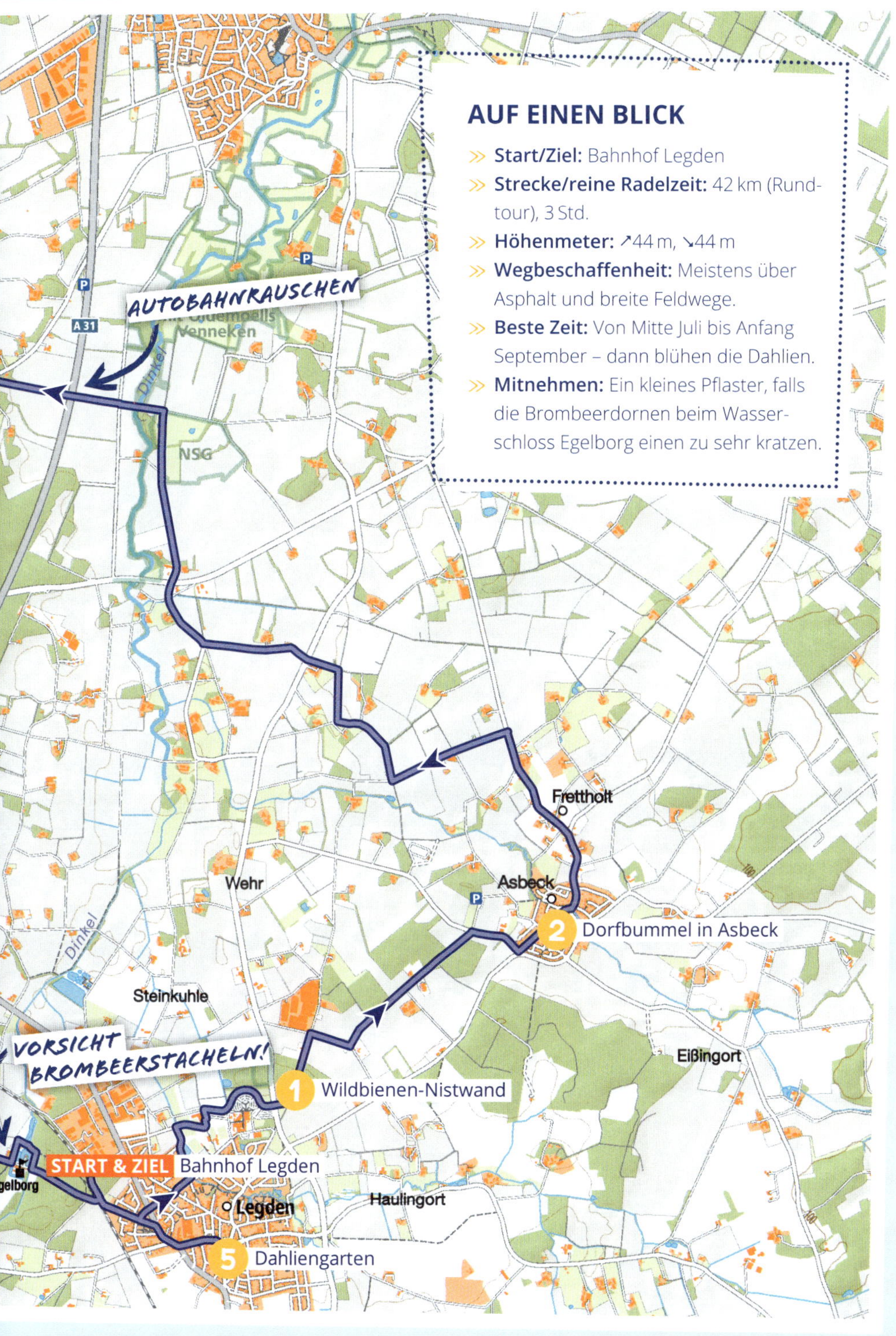

AUF EINEN BLICK

» **Start/Ziel:** Bahnhof Legden
» **Strecke/reine Radelzeit:** 42 km (Rundtour), 3 Std.
» **Höhenmeter:** ↗44 m, ↘44 m
» **Wegbeschaffenheit:** Meistens über Asphalt und breite Feldwege.
» **Beste Zeit:** Von Mitte Juli bis Anfang September – dann blühen die Dahlien.
» **Mitnehmen:** Ein kleines Pflaster, falls die Brombeerdornen beim Wasserschloss Egelborg einen zu sehr kratzen.

AUCH NOCH GANZ NÜTZLICH

ORTSREGISTER

IMPRESSUM

» **Text:**
Katrin Jäger

» **Cover- und Buchgestaltung:**
Carolin Weidemann, Köln, www.weidemann-design.com

» **Lektorat & Produktion:**
Verlagsbüro Wais & Partner, Stuttgart, www.wais-und-partner.de

» **Fotos:**
Titelfoto: mauritius images / Alamy Stock Photos / Castle Anholt; Fotos Innenteil: Katrin Jäger; Autorinnenfoto: Paul Metzdorf

» **Kartografie:**
©KOMPASS-Karten GmbH, kompass.de unter Verwendung von ©OpenStreetMap Contributors, osm.org/copyright

» **S. 222 / 223:**
Marie Geißler (Illustration), Jens Bey (Text)

Printed in Poland

1. Auflage 2023

ISBN 978-3-616-03188-0

www.dumontreise.de

RECHTS ODER LINKS? IMMER WISSEN, WO'S LANGGEHT!

>> **TOURENVERLAUF**
GPX-Daten zum kostenlosen Download
www.dumontreise.de/radelzeit/muensterland

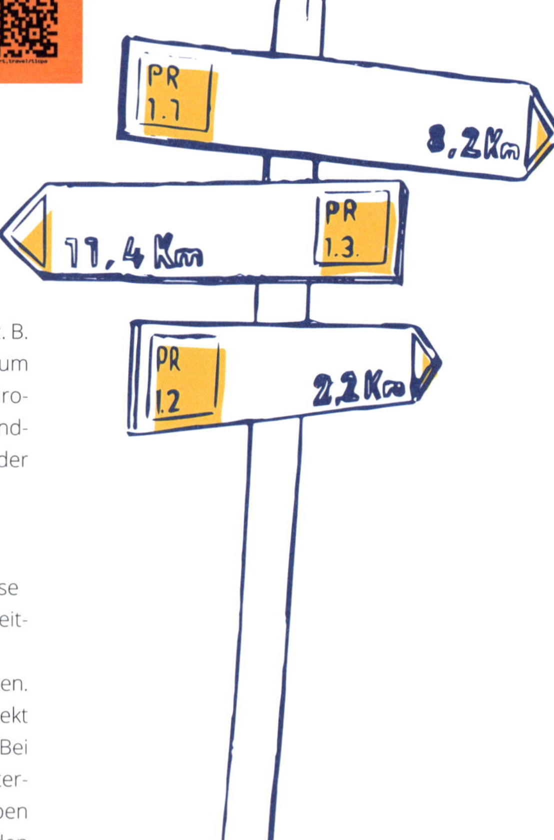

GPX-DOWNLOAD AUFS SMARTPHONE – SO GEHT'S

>> **Voraussetzung:**
Eine Outdoor-App muss installiert sein, z. B. KOMPASS, Outdooractive oder Komoot. Zum Einlesen des QR-Codes benötigen ältere Android-Geräte eine QR-Code-App. Bei neueren Android- und iOS-Geräten ist diese Funktion in der Kamera integriert.

>> **Daten downloaden:**

1. Den QR-Code einlesen oder die Webadresse im Browser eingeben, um auf die Radelzeit-Website zu gelangen.
2. Die gewünschte Tour zum Download anklicken.
3. Bei iOS-Geräten werden die GPX-Daten direkt mit der vorab installierten App verknüpft. Bei Android-Geräten muss ggf. noch eine Weiterleiten-Button geklickt werden (z. B. oben rechts im Display). Manche Apps zeigen den Tourverlauf starr an, andere haben eine Navigationsfunktion dabei.

1852
Münsterischer
Anzeiger

WEITERRADELN …

ISBN 978-3-616-03195-8

ISBN 978-3-616-03197-2

ISBN 978-3-616-03194-1

ISBN 978-3-616-03196-5

ISBN 978-3-616-03189-7

ISBN 978-3-616-03199-6

ISBN 978-3-616-03192-7

ISBN 978-3-616-03198-9

Noch mehr Radelinspiration gibt's im gut sortierten Buchhandel und unter www.dumontreise.de

YOGA FÜR DAVOR UND DANACH

SCHMETTERLING

» Setze dich auf den Boden und lege die Unterseiten deiner Füße aneinander, indem du die Knie nach außen fallen lässt. Nun langsam, ohne viel Kraft, nach vorne lehnen und die Füße mit den Händen umschließen. Entspannt drei Minuten in der Position bleiben, langsam und tief durch die Nase ein- und ausatmen. Um die Übung zu verlassen, die Hände neben bzw. hinter den Körper legen, langsam ein Bein nach dem anderen ausstrecken und nach vorne bringen.

HÖR AUF DEIN HERZ

» Lege dich rücklings auf den Boden, ziehe die Knie an und stelle die Füße flach auf den Boden. Lass jetzt die Knie zur Seite fallen und bring die Fußsohlen zusammen. Lege eine Hand auf deinen Bauch und eine Hand in die Nähe deines Herzens. Schließe deine Augen, atme tief ein und aus und halte die Position mindestens 30 Sekunden lang.

KATZENBUCKEL

» Gehe auf alle viere, die Knie direkt unter der Hüfte. Handgelenke, Ellenbogen und Schultern liegen auf einer geraden Linie, die Arme sind gestreckt, der Kopf in Verlängerung des Rückens mit Blick nach unten. Mache mit dem Ausatmen den Rücken rund, der Kopf geht Richtung Boden, wird aber nicht auf die Brust gepresst. Während des Einatmens wandert dein Bauchnabel in Richtung Boden, hebe gleichzeitig den Kopf. Wiederhole die Übung mehrmals.

ZURÜCKGELEHNT

» Knie dich auf den Boden, mit den Oberseiten deiner Füße auf dem Boden. Bring die Knie zusammen, dein Gesäß geht langsam zum Boden, deine Füße rutschen zur Seite und kommen neben deinen Hüften zu liegen. Schiebe mit den Händen deine Oberschenkel nach innen, lehne dich zurück auf deine Unterarme und lege den Oberkörper langsam ab. Halte die Position für mindestens 30 Sekunden.

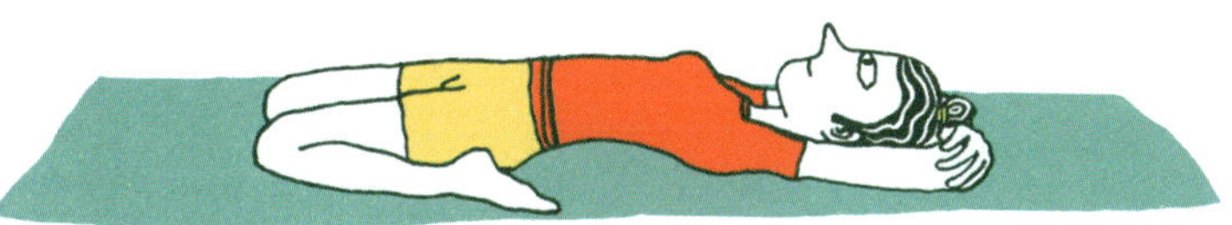

DIE PERFEKTE TOUR ...

#FÜR LITERATURFANS

Auf dieser Annette-von-Droste-Hülshoff-Runde lässt sich erahnen, wie die Natur rund um Burg Hülshoff und Haus Rüschhaus die Dichterin einst inspirierte.

» **TOUR1, SEITE 14**

#FÜR FLUSSBEGEISTERTE

Werse, Angel und Ems liegen auf dieser Tour. Viele Abschnitte von Werse und Ems werden durch Renaturierungsmaßnahmen immer wilder – und idyllischer.

» **TOUR 12, S. 124**

#FÜR FLEISSIGE

Wenn man durch die Baumberge radelt, geht es auf und ab – und zwar bei Wind und ohne Schatten. Doch dafür wird man mit herrlichen Weitblicken belohnt.

» **TOUR 14, S. 144**

#FÜR TIERFREUND*INNEN

Auf der Route liegt ein Wildpark, in dem Damwild und Rothirsche leben, und im Merfelder Bruch grasen die Dülmener Wildpferde. Also: Augen auf!

» **TOUR 19, S. 194**

#FÜR FAULE

Eine entspannte Runde mit ganz vielen Pausenmöglichkeiten. Auf der Haltener Seenrunde findet man idyllische Picknickplätze und eine coole Strandbar.

» **TOUR 6, S. 64**